Sobre la clemencia

Séneca

Sobre la clemencia

Séneca

Traducción de **Carmen Codoñer**
Ilustraciones de **Pere Ginard**

ALMA X PENSAMIENTO ILUSTRADO

Título original: *De clementia*

© de esta edición:
Editorial Alma
Anders Producciones S.L., 2024
www.editorialalma.com
 @almaeditorial

© de la traducción: Carmen Codoñer
Traducción cedida por Grupo Anaya, S.A.

© de las ilustraciones: Pere Ginard, 2024

Diseño de la colección: Estudi Miquel Puig
Diseño de cubierta: Estudi Miquel Puig
Maquetación y revisión: La Letra, S.L.

ISBN: 978-84-19599-74-2
Depósito legal: B-21230-2023

Impreso en España
Printed in Spain

ÍNDICE

Al leer el título *De clementia* a uno le viene a la mente un tratado como, por ejemplo, *Sobre la ira*, dedicado a definir el vicio (o la virtud) para desarrollar sus beneficios o inconvenientes ante cierto destinatario, pero redactado con un grado de abstracción notable, de modo que sus argumentaciones acaban por considerarse doctrinales, dirigidas al género humano en general.

Sin embargo, ya desde su arranque, *Sobre la clemencia* pone de manifiesto otro horizonte:

> Decidí, César Nerón, escribir para cumplir la función de espejo y mostrarte que estás en vías de alcanzar el mayor de los placeres.

Séneca toma la pluma para escribir a un hombre concreto, el mismísimo emperador, en torno al cual girará nuestro texto. A él apela directamente y para él construye un tratado a medida, que quiere funcionar como espejo en donde el César pueda contemplar su mejor imagen. La obra se sitúa, por tanto, en la línea de lo que serán los «espejos de príncipes» y muestra, así, una interesante peculiaridad dentro de la producción senequiana. No es de extrañar, pues, el interés que ha despertado entre los tratadistas políticos de todos los tiempos, especialmente si tenemos en cuenta la escasez de escritos de este tipo durante el período imperial.

Al mismo tiempo, la imagen que trasluce este mismo inicio choca con aquella que nos ha transmitido la historia de un gobernante despótico, perseguidor de supuestos conspiradores y que acabó repudiado y declarado «enemigo público». A menos, claro está, que Séneca esté escribiendo a principios del reinado, en un momento en que la influencia del filósofo todavía se dejaba sentir en el joven *princeps*. De aquí la inmensa polémica que ha suscitado la fecha de composición de la obra a lo largo del tiempo.

CRONOLOGÍA

De modo poco habitual, el propio Séneca detalla esa fecha de composición en un pasaje que, precisamente por eso, se ha transformado en uno de los más controvertidos. El texto, que elabora una de las frecuentes equiparaciones entre Augusto y Nerón, menciona «la edad que tiene ahora» este último (I, 9, 1), esto es, en torno a los «diecinueve años». Más específicamente, de la puntuación se deduce que o bien Nerón acaba de cumplirlos o bien está cerca de cumplirlos. Teniendo en cuenta que el emperador nació el 15 de diciembre del año 37, esto ha llevado a fijar la redacción del tratado entre finales del 55 o finales del 56. Esta horquilla no justifica el apasionamiento con el que se ha discutido en favor de uno u otro año si no fuera, naturalmente, por razones extratextuales. Estas se encuentran directamente relacionadas con Británico, el hijo del emperador Claudio destinado a heredar el trono, que, según Tácito, murió envenenado por orden de Nerón a principios del 55, justo antes de alcanzar los catorce años, la mayoría de edad romana.

De este modo, las loas que Séneca desgrana en nuestro tratado suscitan de inmediato una cuestión: ¿la redacción del *De clementia* es anterior o posterior a este crimen? Una frase como la de I, 11, 2: «La verdadera clemencia, César, es la que tú ofreces [...]: no tener mancha alguna, no haber derramado nunca la sangre de un ciudadano [...], no haber vertido una gota de sangre humana», resulta difícil de justificar si efectivamente se pronunciara después del asesinato. Para quienes son partidarios de esta opción, la hipótesis confirmaría la imagen contradictoria de nuestro filósofo, un hombre que en política dejó totalmente al margen sus propios principios morales y que incluso tampoco los aplicó en su vida diaria; un hombre que, después de un acto de semejante trascendencia, no solo continuó al servicio del emperador, sino que quiso presentarlo a ojos del lector u oyente como modelo de comportamiento.

Si embargo, si examinamos con detenimiento el pasaje del *De clementia* (I, 9, 1) que sirve para datarla y tomamos las referencias a la edad de Nerón, podríamos llegar a otra conclusión aproximada:

El divino Augusto fue un *princeps* apacible, si se le empieza a apreciar a partir de su principado. Empuñó su espada en un Estado todavía plural, en la misma época de su vida en que tú te encuentras ahora. Superados los dieciocho años ya había hundido su puñal en el corazón de sus amigos, pero una vez superados los cuarenta [...] se le comunicó [...] que Lucio Cinna [...] preparaba un atentado contra él.

Quizá nos encontremos aquí ante la tradicional división romana de la vida en partes: *adulescentia, iuuentus, senectus*. La «adolescencia» coincide con la toma de la toga *uirilis*, a los diecisiete años; las fechas aproximadas para juventud y senectud son los treinta, y entre cuarenta y cuarenta y cinco, respectivamente. Es decir, Augusto, a partir del momento en que entra en la adolescencia («en la misma época de la vida en que tú te encuentras ahora»), se levantó en armas; una vez superados los dieciocho años, durante su juventud, cometió una serie de actos criminales; a partir de los cuarenta (*senectus*) se tornó apacible. Si se acepta esta lectura, deberíamos pensar que Séneca hace referencia a tres etapas en la vida de Augusto. Esto fijaría la redacción a finales del 54, cuando Nerón todavía no ha cumplido los dieciocho («la edad que tú tienes» antepuesto a «superados» indica evidentemente una fecha anterior) y cuando Británico sigue vivo.

La posibilidad de fijar la composición del *De clementia* en torno a esa fecha podría explicar también el motivo de su redacción: Nerón ascendió al poder en octubre del año 54 y, por tanto, celebraría la *nuncupatio uotorum* el 1 de enero del 55. Quizá anticipando ese momento Séneca preparaba nuestra obra para obsequiarle.

Sea como sea, no está de menos recordar que la datación no debería condicionar nuestra lectura, para la cual cabe dejar a un lado la actividad política de nuestro autor como regente del *princeps*, movida por la oportunidad o la eficacia, y centrarnos en su discurso filosófico, dictado por su propio modo de ver y analizar la realidad.

TEMÁTICA

Tal como mencionábamos anteriormente, la metáfora con que comienza nuestro tratado lo sitúa muy cerca de lo que recibirá la denominación de «espejo de príncipes». Sin embargo, aquí adquiere un matiz fundamental que lo distancia de los manuales de comportamiento para el buen gobernante creados posteriormente: Séneca no refleja en su cristal un modelo que el *princeps* deba seguir ni tampoco retrata al emperador como futuro modelo para los demás. Lo que hace es ofrecer la imagen de lo que *este* emperador está destinado a ser, con el tiempo. Que ese futuro se cumpla depende de que siga el camino que él ya ha emprendido de manera satisfactoria y que deberá seguir ajustándose a las normas que va a exponer Séneca. En ese camino, una de las virtudes esenciales es la clemencia, cuyo valor y ejercicio quiere enseñar nuestro autor a su destinatario. Este es el argumento y el propósito en torno al cual se construye el tratado.

La exposición se divide en dos secciones. La primera, que ocupa el libro I, nos presenta una imagen viva y directa de la realidad política de su momento. Se reconoce sin ambages al monarca absoluto del Imperio Romano pero, a la vez, se observan cuáles son las autolimitaciones que debe imponerse para gobernar adecuadamente. Las posibilidades de actuar dentro de esas coordenadas, delimitando racionalmente el uso del poder, son escasas, pues no se le escapa al autor la naturaleza de la monarquía en ese momento, su carácter de régimen absoluto y su progresiva tendencia a fundamentar su poder en la voluntad de los dioses.

Ese es quizá el escollo más destacado en el camino de la racionalización y a él se dedican los primeros once capítulos de la obra. El autor reafirma la afinidad divina, pero lo hace destacando los aspectos de ese poder que más le interesan, en su idea de trazar la imagen del soberano ideal. En el otro extremo, se subrayan aquellos rasgos que pueden hacer que el ejercicio incontrolado del poder divino repercuta desfavorablemente sobre la humanidad. De este modo, por un lado ofrece al soberano el retrato que lo aproxima a la divinidad y, por otro, le recuerda el aspecto negativo de ese poder, las facetas que los propios dioses evitan poner de manifiesto. Planteado desde el lado práctico: el ejercicio del poder absoluto debe tener en cuenta las consecuencias que de ahí derivan. A este respecto se presenta un hecho incontestable: no goza de mayor seguridad quien ejerce brutalmente su poder, sino quien sabe alcanzar el respeto de sus súbditos aunando moderación al ejercicio del mismo. Se trata de procurar que estos apliquen la ley y que el soberano, que está por encima de ella, se mantenga en el terreno de la equidad. La conjunción de ambos factores garantizará su aceptación y, en consecuencia, la estabilidad.

En este contexto se introduce el ejercicio de la clemencia que, como toda virtud, según recalca nuestro autor, debe tener un carácter activo. No es una simple consecuencia de la bondad, aunque el comportamiento que se deriva de ella parezca el mismo. La clemencia solo puede ser considerada como tal cuando nace de una actitud consciente: el «simple impulso natural» debe transformarse «en criterio» (II, 1, 2). «La clemencia decide libremente. No emite su juicio de acuerdo con fórmulas jurídicas, sino de acuerdo con la equidad y el bien» (II, 7, 3). Esto es lo que hace el sabio que no se atiene solo a la ley, sino que actúa de acuerdo con lo *aequum* unido a lo *bonum*. Y al hacerlo, no rebaja el alcance de la justicia, sino que en realidad la aplica hasta sus últimas consecuencias (II, 7).

Con este desarrollo el autor amplía el terreno del que partía al principio. Al escoger al sabio como modelo de clemencia está expresando el tipo de superioridad que requiere en el ser humano la práctica de esta virtud. Séneca, que a lo largo del primer libro ha dejado de lado los planteamientos estrictamente filosóficos, los recoge en la segunda sección. Y es aquí donde definitivamente identifica al *rex* y al *sapiens* en un objetivo común: la consecución de la clemencia. El sabio se asemeja al soberano en cuanto que está aislado de la masa. Y este, como él, no debería sustentar su superioridad en el poder material. El sabio, como el soberano, comparte con los dioses lo mejor del género humano: el espíritu. Es el espíritu el que lo hace superior. Por eso el sabio, como el soberano, no tiene por qué atenerse a fórmulas legales. El destinatario específico, Nerón, ha dejado paso a un destinatario menos definido pero con el que aquel habría de identificarse. Así conseguirá interiorizar de forma consciente el ejercicio de la clemencia y hará que esta virtud adquiera su verdadero valor.

Según lo expuesto anteriormente, el libro I podría considerarse una introducción destinada a despertar el interés del emperador por conocer el alcance y (verdadero) sentido de la clemencia como *uirtus*, que desarrolla el libro II.

Sin embargo, el hecho de que *Sobre la clemencia* conste de dos partes de extensión muy desigual (siete capítulos en la segunda sección frente a los veintisiete de la primera) ha despertado la sospecha de una obra fragmentaria. Es cierto que ambas están marcadas en su comienzo por la indicación *Incipit liber primus* («Empieza el libro primero») e *Incipit liber secundus* («Empieza el libro segundo»), pero solo en algunos manuscritos el final se cierra con la fórmula habitual «Aquí termina el libro II», lo que confirmaría la idea de que estamos ante un texto incompleto.

También la lectura del pasaje I, 3, 1 apoyaría esta hipótesis, pues hace referencia a tres secciones en la exposición:

> Ahora voy a dividir el tema que me ocupa en tres partes: la primera versará sobre la grandeza de espíritu, la segunda tratará de exponer la naturaleza de la clemencia y sus rasgos, pues, al existir defectos que imitan a las virtudes, no pueden distinguirse si no los marcas con una señal que los diferencie; en tercer lugar investigaremos cómo se puede inducir al espíritu a esta virtud, cómo prestarle apoyo y hacerla propia con el tiempo.

Sin embargo, aquí cabe tener en cuenta la ambigüedad de la palabra «partes» y el uso que le concede nuestro autor. Así, a lo largo de su producción literaria en prosa, este no utiliza *pars* con el significado de libro, sino como punto que tratará en el diálogo o tratado correspondiente. Por ejemplo, en su *De beneficiis*, habla en V, 7, 1, de haberse ocupado ya lo suficiente de «esta parte», cuando la sección a la que hace referencia ha comenzado en V, 1, 1. Y en nuestra misma obrita (I, 20, 1), después de dividir la materia en dos apartados dice: «Hablaré primero de la parte que a él le afecta».

Esta interpretación se vería reforzada con el análisis del contenido expuesto (véase también la sinopsis incluida en las páginas 21 y 61). Según hemos mencionado, el motivo que el autor menciona como objeto de la segunda parte («qué es la clemencia, cuál es su naturaleza y qué límites tiene») se inicia a mitad del libro II, cuando comienza el apartado 3, y a la vez, la obra termina con una frase que parece adelantar el tema dejado por Séneca para último lugar (II, 7, 5): «El sabio [...] verá de qué modo debe ser tratado cada carácter, cómo puede encauzarse a los malvados hacia la rectitud».

Todo esto permitiría concluir que *De clementia* fue probablemente dividido en dos libros, no tres, pero que no ha llegado de forma completa hasta nuestros días, pues su última sección, aquella que culminaría el plan pergeñado en el fragmento citado, no se nos ha conservado o quizá incluso no llegó a componerse nunca.

TRANSMISIÓN

Tenemos constancia de que *De clementia* fue una obra bien conocida hasta el siglo IV gracias a las imitaciones que se han advertido en el *Panegírico* de Plinio a Trajano o en los panegiristas de esta época. Se reproducen citas que no suelen ser literales, o bien se hallan paráfrasis, lo cual hace difícil asegurar, a medida que los autores se van alejando en el tiempo, si se trata de manejo directo del texto o de una utilización indirecta del mismo. Idéntica situación se plantea ante los autores de finales del siglo IV y del V, como Claudiano, tutor y regente de Estilicón, Merobaudes y Sidonio Apolinar, conocidos por sus panegíricos al general Aecio y al emperador Mayoriano, respectivamente. Lo cierto es que la obra debió de transmitirse de manera continuada en los siglos posteriores, pues la principal fuente manuscrita que conservamos en la actualidad es el llamado *Codex Nazarianus* (Biblioteca Vaticana Vat. Palat., 1547), escrito a comienzos del siglo IX en el norte de Italia. E incluso encontramos su huella en un autor hispano como Martín de Braga, en su *Formula uitae honestae*, escrita hacia el año 570. Este sitúa ya el tratado en el terreno de la ética política, que contribuiría a fijar la imagen del gobernante ideal durante la Edad Media. Sin embargo, la tradición de los *specula principes* medievales en la Península siguió mayoritariamente otras fuentes, en esencia, fundamentadas en las historias y vidas de hombres ilustres, así como en los dichos, enseñamientos y fábulas orientales. Hay que esperar al siglo XIII para hallar una referencia en un elogio de Diego García a Rodrigo Jiménez de Rada, y al siglo XV para hallar abundantes reminiscencias (en el *Doctrinal de Príncipes* de Diego de Valera) y las primeras traducciones (de Alonso de Cartagena). Esta asociación se afianza en el Renacimiento, con ejemplos destacados como el célebre *Comentario* de Calvino publicado en 1532, y continúa más allá, pues todavía Pedro de Rivadeneira citaba a Séneca entre los autores políticos (tomando muchas ideas de *Sobre la clemencia*) en su *Tratado de la religión y virtudes que debe tener el príncipe cristiano para gobernar* (1595) y Lorenzo de Guzmán elaboraba una especie de paráfrasis de la obra en su *Espejo de Príncipes* (1643). Pero es sobre todo en el entorno de Francia y su gran siglo XVII cuando destaca la fuerte influencia del tratado senequiano, que encuentra en la pluma de autores como Montaigne, Corneille o Racine, su mejor expresión.

El texto latino traducido es el resultado de continuadas reflexiones sobre los problemas que plantea, aunque no pretende ser una edición crítica. Estas reflexiones han sido favorecidas por la esclarecedora edición crítica de E. Malaspina, que puso a disposición del lector todos cuantos datos pudieran pedirse.[1] Dados los problemas que presenta el texto, he optado por adoptar como base el de la Biblioteca virtual *The Latin Library*. Me alejo de él en diversos puntos, que recojo a continuación.

Omito:

- *hoc* en I, 1, 1;
- *poenae remissio faerit*, I, 2, 1;
- *magnanimitas missionis*, I, 3, 1;
- *aut voluntarii terram subsidentem petiuimus*, I, 3, 5;
- *uirtutibus intersit concordia*, I, 5, 3.

CARMEN CODOÑER

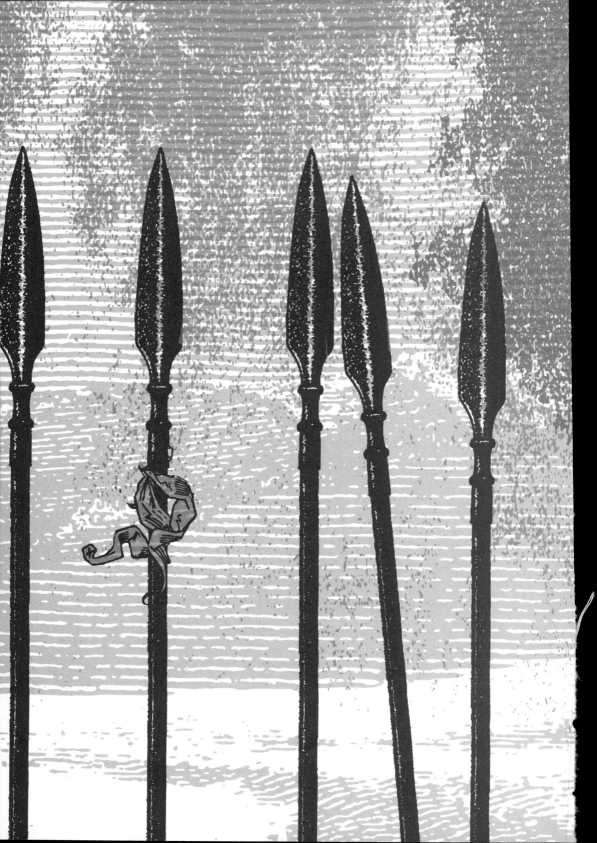

Libro I

Tras un inicio que funciona como prólogo y en donde se elogia la
clemencia de Nerón y se pondera la esperanza que ha despertado
en el pueblo romano, se avanzan algunas ideas que se tratarán después. Se muestra, así, en el capt. 2, cómo la clemencia es útil también a los inocentes, pero enseguida se presenta la división de la
materia (3, 1) en tres partes. Comienza a continuación la primera
mostrando cómo la clemencia procede más al hombre que a los
animales, y más al príncipe que a ningún otro hombre (3, 2 y 5, 7).
No solo al príncipe, sino también al pueblo es necesaria la clemencia, puesto que sin ella no se aguantaría la gran ciudad de Roma (6).
Así lo enseña también el ejemplo de los dioses, tardíos en castigar
(7). Esta moderación es una servidumbre de la realeza, pero, como
otras muchas que tiene, es altamente gloriosa (8). A la clemencia
invita también el ejemplo del abuelo de Nerón, Augusto, perdonando a Cinna (9, 10). Superior a la de Augusto es la clemencia sin
mancha de Nerón (11). En la clemencia se distingue al rey del tirano (12, 13). El rey debe parecerse a un padre, respecto de sus súbditos (14, 15). El príncipe puede tomar otros ejemplos del maestro,
del tribuno militar, del domador de animales (16), del médico (17),

del señor que gobierna benignamente a los esclavos (18). No hay mayor gloria de un rey que la clemencia (19), tanto en las ofensas hechas a él (20, 21), como en las hechas a otros (22). Los castigos pueden instigar más a la comisión de los crímenes (23, 24). La crueldad es indigna del corazón humano (25), y funestísima cuando impregna el de un rey (26).

I. I. Decidí, César Nerón, escribir para cumplir la función de espejo[2] y mostrarte que estás en vías de alcanzar el mayor de los placeres. En efecto, aunque el verdadero fruto de las acciones sea el haber actuado, y la virtud no tenga precio más que en sí misma, es agradable dirigir la mirada a nuestro interior y contemplar la conciencia tranquila; a continuación, fijar los ojos en esa inmensa masa en desacuerdo, subversiva, incontrolada, dispuesta a lanzarse a la destrucción de los demás, así como a la suya propia si consigue romper el yugo; y decirse a uno mismo:

2. «Yo, entre todos los mortales, ¿he recibido la aprobación y he sido elegido para desempeñar en la tierra el papel de los dioses?[3] Yo soy árbitro de la vida y la muerte de los pueblos, en mi mano está la suerte y situación de todo individuo; por mi boca, la fortuna manifiesta qué quiere conceder a cada uno de los hombres; según sea mi respuesta, pueblos y ciudades conciben causas de alegría; no hay parte en lugar alguno que prospere sin que yo lo quiera y propicie; todos estos miles de espadas que mi Paz sujeta se desenvainarán a una señal mía; qué países conviene que sean extirpados de raíz, cuáles trasladados, cuáles recompensados con la libertad y

cuáles privados de ella, qué reyes conviene esclavizar y en torno a la cabeza de cuáles colocar el emblema de la realeza, qué ciudades deben quedar arrasadas y cuáles surgir de nuevo, depende de mí.[4] 3. Y, en medio de tantas posibilidades, la cólera no me impulsa a aplicar castigos injustos, tampoco los arrebatos de la juventud, tampoco la audacia y rebeldía de los hombres —que a menudo incluso acabó con la paciencia de los caracteres más tranquilos—, ni la terrible gloria de mostrar el poder practicando el terror, espantosa gloria pero frecuente en los más poderosos. Envainada, más bien aherrojada, conservo la espada; sumo es también mi respeto a la sangre más despreciable; todo aquel que carece de otras cosas cuenta con mi favor por el hecho de llamarse hombre. 4. Mantengo el rigor oculto y de la clemencia voy ceñido; me vigilo a mí mismo como si tuviera que rendir cuentas a las leyes, a las que arrancando del abandono y las tinieblas saqué a la luz. Me siento conmovido por la escasa edad del uno, por la avanzada edad del otro; hice concesiones a la alta categoría de este, a la inferior situación de aquel. Cuando no encontré motivo alguno para compadecerme, lo hice por respeto a mí mismo. Hoy, si me pidieran cuentas, estaría dispuesto a responder ante los dioses de cada uno de los integrantes del género humano».[5]

5. Puedes, César, proclamar con toda seguridad que aquello que se ha confiado a tu tutela está seguro, que no preparas ningún ataque contra el Estado, ni abierta ni solapadamente. Has concebido el deseo de recibir una loa muy poco frecuente, todavía no concedida a dirigente alguno: la inocencia.[6] No cae en el vacío esa bondad tuya, no se ha conquistado a individuos desagradecidos o a gente mezquina que no sabe valorar. Se te devuelve el aprecio; nunca un ser humano fue tan querido para otro ser humano como tú lo eres para el pueblo romano: tú, su más largo y duradero bien.

6. Pero has impuesto sobre ti una terrible carga; nadie habla ya del divino Augusto, ni de la primera época del César Tiberio,[7] ni

pretende buscar fuera de tu persona un modelo que imitar. Tu gobierno se juzga tomando como punto de referencia lo poco que se conoce de él.[8] Esto hubiese sido difícil si tu bondad no fuese innata, sino adoptada para la ocasión. En efecto, nadie puede llevar mucho tiempo una máscara. Lo que se finge recupera rápidamente su naturaleza; las cualidades que se sustentan sobre la verdad y las que, por así decir, tienen raíces sólidas, con el tiempo mismo progresan cuantitativa y cualitativamente. 7. Gran riesgo corría el pueblo romano mientras no sabía en qué dirección se inclinaba ese noble natural tuyo: las esperanzas del pueblo ya están aseguradas, pues no hay peligro de que te olvides repentinamente de ti mismo.

Es verdad que una excesiva felicidad hace a la gente ansiosa, y las apetencias nunca son tan comedidas como para que desaparezcan con lo que se consigue. Se avanza de lo mucho a lo más y, en la búsqueda de lo inalcanzable, conciben esperanzas inconfesables. Sin embargo, todos tus conciudadanos ahora manifiestan abiertamente que son felices y que nada puede sumarse a ese bienestar, si no es el que dure siempre. 8. Muchas razones los obligan a esta manifestación, que es la que más cuesta al hombre: la profunda, progresiva seguridad del Estado, el derecho que se ha impuesto sobre toda injusticia. Ante los ojos se despliega la más próspera forma de gobierno, nada le falta para la libertad total más que la posibilidad de desaparecer.[9] Pero, sobre todo, una igual admiración a tu clemencia ha alcanzado a los más altos y a los más bajos. Pues el resto de los privilegios cada cual los percibe en razón de su suerte, los espera mayores o menores; todos ponen la misma esperanza en la clemencia, y no existe nadie que esté tan convencido de su inocencia que no se alegre de que ante su vista se eleve la clemencia dispuesta a ocuparse de los errores humanos.[10]

2. 1. Y sé que hay gente que piensa que son los peores los que reciben el apoyo de la clemencia, ya que es superflua si antes no existe el delito, y que esta cualidad únicamente deja de tener sen-

tido entre los inocentes.[11] Pero, en primer lugar, tal como la medicina se ocupa de los enfermos y también los sanos la respetan,[12] así, aunque recurran a la clemencia los que merecen castigo, también los inocentes la veneran. Después, esta también tiene sentido en la persona de los inocentes, porque de vez en cuando la casualidad se interpreta como culpa, y la clemencia no solo acude en ayuda de la inocencia, sino a menudo de la virtud; pues es cierto que en determinadas circunstancias suceden ciertas cosas que, aunque objeto de elogios, pueden recibir castigo. Añade que existe una gran parte de los seres humanos que podría recuperar la inocencia, si se la perdonase. 2. Y con todo no es adecuado perdonar sin más. Pues cuando se elimina la distinción entre malos y buenos, se sigue la confusión y el brote de vicios: de modo que hay que aplicar la sensatez para saber distinguir las mentes que pueden sanar de las que no tienen remedio, y no es lógico practicar una clemencia generalizada e indiscriminada, ni tampoco recortada. Pues tan cruel es perdonar a todos como a ninguno. Debemos mantener un punto medio. Pero como el equilibrio es difícil, siempre que haya que inclinar en un sentido la balanza debe hacerse hacia la parte más humana.

3. 1. Pero mejor se hablará de esto en otro momento. Ahora voy a dividir el tema que me ocupa en tres partes; la primera versará sobre la grandeza de espíritu;[13] la segunda tratará de exponer la naturaleza de la clemencia y sus rasgos, pues, al existir defectos que imitan a las virtudes, no pueden distinguirse si no los marcas con una señal que los diferencie;[14] en tercer lugar investigaremos cómo se puede inducir al espíritu a esta virtud, cómo prestarle apoyo y hacerla propia con el tiempo.[15]

2. Hay que reconocer que ninguna de las virtudes es más afín al hombre, puesto que ninguna es más humana, y esto no solo es posible reconocerlo entre nosotros que defendemos que el hombre es un animal social, engendrado para el bien común,[16] sino incluso

entre los que entregan al hombre en manos del placer, entre aquellos cuyas palabras y actuaciones se enfocan en provecho propio;[17] pues si aspira a la tranquilidad en su vida privada, lo ha hecho valiéndose de una virtud inherente a su naturaleza, virtud que ama la paz y sujeta las manos. 3. Y, con todo, a ninguno de los mortales le es más adecuada la clemencia que al rey o al *princeps*.[18] Pues la acumulación de fuerza constituye un ornato glorioso, si el poder que de ahí deriva es beneficioso, ya que fuerza destructora es el tener poder para hacer daño. En fin, es estable y bien fundamentada la grandeza de aquel que todos saben que, si bien está por encima de ellos, también lo está a su favor; son conscientes día tras día de que su preocupación por el bienestar de cada individuo y de la colectividad no descansa, y cuando se presenta no escapan desordenadamente, como si saliera de su guarida un animal malo o dañino, sino que acuden compitiendo en premura, como si de un astro luminoso y benigno se tratara.[19] Totalmente dispuestos a lanzarse en su lugar sobre las dagas de los conspiradores y a cubrir el suelo con sus cuerpos si hay que construirle con sus muertes un camino para salvar a la humanidad, protegen su sueño montando guardia de noche. Defienden su costado cubriéndolo y rodeándolo. Hacen frente a los peligros que sobrevienen.

4. Esta actitud es común a pueblos y ciudades: proteger y amar a sus reyes y arriesgarse a sí mismos y a los suyos, siempre que ha habido necesidad de salvar al gobernante, no carece de sentido. Y no supone falta de aprecio a la propia vida o locura el que tantos miles de hombres empuñen las armas en beneficio de uno solo, y que, al precio de tantas muertes, se rescate una sola vida, algunas veces de un débil viejo. 5. Del mismo modo que el cuerpo entero está al servicio del espíritu y, aunque aquel sea mucho más grande y más bello y el espíritu impalpable permanezca oculto sin que sepamos en qué lugar se esconde, con todo, manos, pies, ojos actúan en beneficio suyo; la piel lo resguarda, por mandato suyo des-

cansamos o nos movemos intranquilos de un lugar a otro. Cuando él lo ha ordenado, si está al servicio de un dueño avaro, escudriñamos el mar por afán de lucro; si pretende pasar a la historia, nos falta tiempo para ofrecer nuestras manos a las llamas o lanzarnos a la sima que deja la tierra al abrirse.[20] Del mismo modo, digo, esta inmensa multitud que rodea la vida de un solo hombre se ve dominada por su fuerza interior, doblegada por su inteligencia, multitud que acabaría oprimida y destrozada a manos de sí misma si no recibiera apoyo de la razón.

4. 1. De modo que es por aprecio a su propia integridad por lo que envían al frente diez legiones para proteger a un solo hombre, por lo que acuden en masa a la primera línea y ofrecen sus pechos a las heridas para que los estandartes de su general no se retiren. Y es que él es el lazo al que el Estado debe su cohesión, él el soplo vivificado que aspiran todos esos miles destinados a no ser por sí mismos nada más que carga y botín si se les priva de la parte racional del poder.

> Mientras el rey está a salvo, el acuerdo es total;
> cuando lo pierden, traicionan la palabra dada.[21]

2. Esta situación supondrá la aniquilación de la paz romana, esta llevará a la ruina la suerte de tan gran pueblo. Se mantendrá fuera de peligro este pueblo mientras sepa tascar el freno; si alguna vez llega a romperlo o, habiéndoselo sacudido por alguna razón, no permite que se lo vuelvan a poner, esta unidad, esta cohesión del mayor poder existente saltará hecha añicos, y el fin del dominio de esta ciudad coincidirá con el fin de su obediencia. 3. Por eso no es extraño que los príncipes, los reyes y los que están encargados del poder público —sea cual sea su nombre— sean objeto de aprecio más allá incluso de los afectos personales, pues si los hombres sensatos anteponen las cuestiones de la colectividad a las pri-

vadas, es lógico que también les sea más querida la persona en la que se ha encarnado el Estado.[22] En efecto, hace tanto tiempo que el César se ha revestido del Estado que no podrían separarse el uno del otro sin perjuicio de ambos,[23] pues aquel necesita fuerzas y este una cabeza.

5. 1. Mi exposición parece haberse alejado demasiado de lo programado, pero bien sabe dios que va pisando los talones a la cuestión central. Pues si tú eres el espíritu de tu Estado —cosa que hasta ahora se deduce— y él es tu cuerpo, estás viendo, según creo, cuán necesaria es la clemencia; en efecto, cuando pareces salvaguardar a otro, te estás perdonando a ti mismo. De modo que incluso hay que tener consideración con los ciudadanos que merecen reproches al igual que con los miembros del cuerpo que están débiles y, si alguna vez hay necesidad de hacer una sangría, hay que controlar la mano para no ahondar más de lo necesario.

2. Por tanto, como te decía, la clemencia conviene por naturaleza a todos los hombres, pero especialmente se adecua a los emperadores, en la medida en que en ellos tiene más que conservar y se manifiesta en cuestiones de mayor alcance. En efecto, ¡cuán poco daña la crueldad de un hombre privado! La saña de los *principes* equivale a la guerra. 3. Y, aunque exista concordia entre las virtudes y no haya una mejor ni más honrosa que otra, cada una se adapta mejor a un tipo de personaje.[24]

La elevación de espíritu conviene a cualquier mortal, incluso a aquel por debajo del cual no existe nada, pues ¿hay algo más grande o más heroico que embotar el filo de la mala suerte? Y, sin embargo, esta grandeza de ánimo en situaciones favorables tiene mayor papel y se aprecia mejor situada en un lugar elevado que a ras de suelo. 4. La clemencia proporcionará felicidad y tranquilidad a cualquier casa adonde llegue, pero, por el hecho de ser más escasa en palacio, es más digna de admiración. ¿Hay algo más merecedor de ser conservado en la memoria que el que un hombre a cuya cólera no se oponen obstáculos, a cuyas decisiones más trascendentes incluso los condenados dan su asentimiento, a quien nadie osa replicar, es más, ni siquiera transmitirle una súplica cuando se irrita violentamente, que ese hombre retome el dominio de sí mismo y haga uso de su poder en la buena dirección, sosegadamente, mientras piensa en su interior: «Todo el mundo puede matar vulnerando la ley, conservar una vida nadie más que yo puede»?

5. Un espíritu elevado conviene a una posición elevada; este, si no se eleva hasta equipararse a ella y se mantiene por encima de ella, incluso puede hacerla descender a ras del suelo. Es propio de un espíritu elevado estar sosegado, tranquilo y, desde lo alto, despreciar ofensas e injusticias. Cosa de mujeres enloquecer con la cólera,[25] y de fieras —ni siquiera nobles— morder y acosar a los caídos. Los elefantes y leones no se detienen ante los que derriban; el enconamiento es cosa propia de las bestias innobles. 6. No conviene al rey una cólera sañuda e irrevocable, pues no destaca mucho por encima de aquel a cuyo nivel se pone al encolerizarse; en cambio, si concede la vida, si concede la dignidad a quienes están en situación crítica y merecen perderlas, hace lo que no le es posible a nadie más que al que está en el poder, pues la vida incluso se le arranca a un superior, no se le regala nunca más que a un inferior. El conservar una vida es exclusivo de una situación privilegiada. 7. Nunca debe ser esta más admirada que cuando le acontece tener el mismo poder que los dioses, gracias a los cuales vemos la luz tanto los buenos como los malos. De modo que, atribuyéndose el espíritu de los dioses, el *princeps* debe ver con agrado a algunos de sus conciudadanos porque son buenos y útiles, a otros debe dejarlos entre el montón; debe alegrarse de la existencia de unos, tolerar la de otros.

6. 1. Piensa: en esta ciudad donde la masa que fluye sin parar por sus amplísimas vías choca siempre que se presenta un obstáculo que retrase su curso a la manera de un torrente de montaña; en

esta ciudad, donde se llenan los asientos de tres teatros simultáneamente,[26] en donde se consume todo lo que se cultiva en las tierras, piensa, digo, qué desolación y soledad habrá si no queda en ella más que lo que un juez severo puede absolver. 2. ¿Cuántos de los jueces instructores no caerán precisamente bajo esas leyes que ellos aplican? ¿Cuántos acusadores están exentos de culpa? Y no sé si hay alguien más reacio a conceder el perdón que el que más veces necesitó solicitarlo. 3. Todos hemos cometido fallos: unos graves, otros intrascendentes, otros con premeditación, otros llevados de un arrebato o arrastrados por la maldad ajena, otros nos mantuvimos en nuestros buenos propósitos sin demasiada firmeza y perdimos nuestra inocencia a pesar nuestro y a pesar de nuestra resistencia. Y no solo hemos delinquido, sino que seguiremos delinquiendo hasta el fin de nuestra vida.[27] 4. Aunque alguien haya limpiado su espíritu al punto que nada ya pueda perturbarlo o engañarlo, con todo ha alcanzado la inocencia a través del pecado.

7. 1. Ya que he mencionado a los dioses, ofreceré al *princeps* este modelo para que se adapte a él, con el fin de que aspire a ser para con los ciudadanos como aspira a que sean los dioses para con él. Y es que, ¿sirve de algo contar con divinidades inexorables a nuestros fallos y errores, sirve de algo que su hostilidad tenga como meta acabar con nosotros? ¿Qué rey se encontrará a salvo de que los arúspices no recojan sus miembros?[28] 2. Y si los dioses, benévolos y justos, no persiguen de inmediato con sus rayos los delitos de los poderosos, ¿cuánto más justo es que un hombre puesto al frente de otros hombres ejerza su poder benévolamente, y piense qué situación del universo es más agradable y más bella a la vista, si la que ofrece en un día sereno y diáfano, o cuando todo retumba en medio de truenos incesantes y brillan los fuegos por uno y otro lado? Pues el aspecto de un gobierno tranquilo y sosegado no es otro que el de un cielo sereno y brillante. 3. Un poder personal cruel es turbulento y oscurecido por las tinieblas, está rodeado de

gente que tiembla y se aterroriza ante un ruido inesperado sin que eso evite que quede al margen de la sacudida el mismo que produce la alteración.

Se perdona con más facilidad a los individuos privados que intentan vengarse a toda costa, pues se les puede herir y su dolor procede de la injusticia. Además, temen el desprecio y hacer un favor a quienes les hieren les parece debilidad, no clemencia; en cambio, aquel que tiene a su alcance la venganza, si la pasa por alto alcanza un elogio seguro a su mansedumbre. 4. Los que ocupan una situación humilde tienen más libertad para enzarzarse física o judicialmente, trabar peleas y dejarse llevar por la ira. Entre la gente del mismo nivel los golpes son ligeros; los gritos de un rey y la falta de control en la expresión no son adecuados a su rango.

8. 1. Consideras grave que se prive a los reyes de la libertad de expresión, cosa que poseen los más humildes. «Eso —dice— es servidumbre, no poder.» ¿Cómo? ¿No te das cuenta de que esa es una servidumbre que te honra?[29] Distinta es la situación de quienes se mantienen ocultos sin destacar de la masa, que luchan durante mucho tiempo para poner de manifiesto sus virtudes mientras sus vicios permanecen en la sombra; el rumor acoge vuestras acciones y palabras, y por eso nadie tiene que preocuparse más de qué se dice sobre él que aquel que, haga lo que haga, va a ocupar la atención. 2. ¡Cuántas cosas que no te son permitidas se nos permiten a nosotros gracias a ti! Puedo pasear por cualquier parte de la ciudad solo, sin temor ninguno, aunque no me siga un acompañante y no haya espada ninguna en casa ni en mi cinto; tú tienes que vivir armado en medio de una paz que se te debe. No puedes alejarte de tu suerte, te cerca y dondequiera que desciendas te sigue con todo su aparato. 3. Esta es la servidumbre de la más elevada posición: que no es posible reducir su altura. Pero esta imposición te es común con los dioses, pues el cielo también los tiene encadenados y no les es concedido descender con seguridad, en la misma medida

en que a ti no te resulta posible hacerlo. Has sido clavado a tu propia cumbre.

4. Pocos perciben nuestros movimientos. Nos está permitido salir a la calle, retirarnos y cambiar nuestras costumbres sin que la gente lo advierta: a ti te corresponde, como al sol, no ocultarte. Mucha luz te da de frente; los ojos de todos están vueltos hacia ella; cuando crees mostrarte en público estás amaneciendo.[30] 5. No puedes hablar sin que reciban tu voz todos los pueblos sin excepción. No puedes encolerizarte sin que todos tiemblen. A nadie puedes castigar sin que se conmocione todo lo que hay en derredor. Tal como los rayos caen poniendo en peligro a unos cuantos y provocando el miedo en todos, así las medidas tomadas por los grandes poderes siembran el terror más que el daño, y no sin razón. Pues no se piensa, cuando se trata de quien todo lo puede, en cuánto ha hecho, sino en cuánto puede estar dispuesto a hacer.

6. Añade a esto el que la resignación ante las injusticias recibidas hace a los individuos privados más asequibles a recibirlas; la seguridad de los reyes es mayor si su carácter es apacible, porque la aplicación constante de castigos aplasta el odio de unos cuantos, provoca el de todos. 7. Es necesario que la voluntad de ensañarse desaparezca antes que la causa; de otro modo, al igual que los árboles podados echan brotes multiplicando sus ramas, y muchos tipos de plantas, para que retoñen con más fuerza, se tercian, así la sevicia de los reyes aumenta el número de enemigos cuando los elimina. En efecto, los padres y los hijos de quienes han sido ejecutados, los parientes y amigos ocupan el lugar de cada uno de ellos.

9. 1. Cuán verdadero es lo dicho quiero advertirlo utilizando un ejemplo de tu familia. El divino Augusto fue un *princeps* apacible, si se le empieza a apreciar a partir de su principado. Empuñó su espada en un Estado todavía plural[31] en la misma época de su vida en que tú te encuentras ahora. Superados los dieciocho años ya había hundido su puñal en el corazón de sus amigos, ya había aten-

tado contra la vida del cónsul M. Antonio en una conspiración, ya había sido su colega en las proscripciones.[32] 2. Pero una vez superados los cuarenta, mientras estaba en la Galia, se le comunicó la noticia de que Lucio Cinna, hombre de pocas luces, preparaba un atentado contra él;[33] se le dijo dónde, cuándo y cómo quería atacarlo. La información procedía de uno de los implicados. 3. Decidió tomar medidas sobre ello y ordenó que se convocara al gabinete asesor. Su noche era intranquila, pensaba que había que condenar a un joven de familia noble, nieto de Pompeyo, inocente si se prescindía de esta actuación. Aquel a quien M. Antonio había dictado durante una cena el edicto de proscripción no era ya capaz de matar a un solo hombre. 4. Sin cesar de lamentarse emitía pensamientos distintos y contradictorios: «¿Cómo? ¿Voy a permitir que un asesino ande por ahí tranquilamente mientras yo estoy angustiado? ¿Cómo? ¿No va a sufrir un castigo una persona que decide no matar, sino inmolar esta cabeza mía,[34] blanco vano en tantas guerras civiles, a salvo de tantos combates marítimos y terrestres, después de haber conseguido la paz por tierra y por mar? En efecto, había tomado la decisión de atacarlo mientras estaba haciendo un sacrificio.

5. A continuación, después de un silencio, dio en encolerizarse consigo mismo con mucha mayor violencia que contra Cinna: «¿Por qué continúas viviendo si hay tanta gente interesada en que mueras? ¿Cuál será el fin de la represión?, ¿cuál el de la sangre? No soy más que una cabeza al alcance de los jóvenes nobles para que sobre ella aguen el filo de su espada. No merece la pena vivir si para que yo no muera hay que acabar con tantas cosas.»

6. Al fin lo interrumpió su mujer, Livia, y le dijo: «¿Admites el consejo de una mujer? Haz lo que suelen hacer los médicos; cuando los remedios habituales fallan prueban con los opuestos. Hasta ahora no has conseguido nada con el rigor; Lépido siguió a Salvidieno, Murena a Lépido, Cepión a Murena, Egnacio a Cepión, por

callarme otros cuya osadía da vergüenza.[35] Intenta ahora ver cómo te resulta la clemencia: perdona a L. Cinna. Se le ha cogido, hacerte daño ya no puede, sí puede ser útil a tu renombre».

7. Lleno de alegría por haber encontrado un consejero, le dio las gracias a su mujer e inmediatamente ordenó que se le colocase a Cinna una silla igual a la suya, y le dijo: «En primer lugar, te pido lo siguiente: que no me interrumpas mientras estoy hablando, que no hagas exclamaciones en medio de la conversación; se te concederá tiempo para hablar. 8. Cinna, yo, a pesar de haberte encontrado en el campamento contrario, no solo transformado en enemigo personal por las circunstancias, sino como enemigo natural, te conservé la vida, te hice concesión de todo tu patrimonio.[36] Hoy eres tan afortunado y tan rico que los vencedores envidian al vencido. Te concedí el cargo de sacerdote, arrinconando a muchos cuyos padres habían luchado en mi bando. Y, aun habiéndome portado así contigo, decidiste matarme». 9. Como ante estas palabras hubiese exclamado que tal locura estaba lejos de él, dijo: «No estás cumpliendo tu palabra, Cinna; habíamos acordado que no interrumpirías. Estás preparando, insisto, mi asesinato»; añadió lugar, cómplices, días, desarrollo del plan, a quién se le había encomendado el arma. 10. Y al verlo con los ojos fijos en tierra, en silencio, no por lo convenido, sino porque era consciente del hecho, dijo: «¿Con qué intención lo haces? ¿Para ser *princeps*? Mala es la opinión que se tiene del pueblo romano si, para que tú mandes, el único obstáculo soy yo. No puedes proteger tu casa; hace poco te ha ganado en juicio privado el hijo de un liberto apoyándose en su influencia, ¿hasta ese punto consideras más fácil entablar un juicio contra el César? Estoy dispuesto a retirarme si soy el único estorbo para tus esperanzas. ¿Es que te van a apoyar Paulo, Fabio, Máximo, los Casios y Servilios,[37] y el amplio ejército de nobles que ostentan nombres no vacíos de contenido, sino que son honra de sus antepasados?».[38] 11. Para no ocupar gran parte del libro con la reproduc-

ción del discurso entero —pues hay constancia de que habló más de dos horas, prolongando con esto el castigo con el que estaba dispuesto a contentarse— dijo: «Por segunda vez, Cinna, te concedo la vida: antes lo hice como enemigo, ahora como organizador de un atentado y como homicida. A partir del día de hoy comience la amistad entre nosotros. Compitamos por ver si yo otorgándote la vida soy más digno de confianza que tú, que me la debes».

12. Después de este episodio le confirió el consulado por propia iniciativa, quejándose de que no se atreviera a pedirlo.[39] Lo consideró íntimo colaborador, totalmente fiel. Fue su único heredero.[40] Nunca más fue objeto de otro atentado.

10. 1. Tu tatarabuelo perdonó a los vencidos,[41] y es que, si no los hubiera perdonado, ¿sobre quiénes habría gobernado? A Salustio, a los Cocceios, a los Delios[42] y a todos sus hombres de confianza los reclutó en el campamento de los adversarios.[43] A su clemencia debía la existencia de los Domicios, los Mesalas, los Asinios, los Cicerones, la flor y nata de Roma.[44] ¿Cuánto tiempo toleró que le llegara la muerte al propio Lépido?[45] Durante muchos años soportó que retuviese los distintivos del *princeps* y no permitió que se le adjudicase el cargo de Pontífice Máximo hasta que aquel murió, pues prefirió que se le diera la consideración de honor que la de despojo. 2. Esta clemencia lo llevó al bienestar y a la tranquilidad. Esta lo hizo agradable y popular, aunque hubiese impuesto su mano sobre la cerviz del Pueblo Romano todavía no sometido; esta, incluso hoy, le proporciona un renombre del que muy raramente gozan en vida los *principes*. 3. Creemos que es un dios no porque se nos ordene; reconocemos que Augusto fue un buen *princeps*, que le iba muy bien el apelativo de Padre,[46] y la razón no es otra sino que no perseguía con saña las ofensas a su persona, que suelen ser para los príncipes más ultrajantes que las injusticias; que se sonreía ante las palabras malignas contra él; que parecía que cuando estaba aplicando un castigo lo estaba sufriendo él; que a

todos aquellos que había condenado por adulterio con su hija,[47] no solo no los condenó a muerte, sino que, cuando los expulsó, les dio salvoconductos para que estuvieran seguros. 4. Eso es perdonar: precisamente porque sabes que va a haber mucha gente dispuesta a encolerizarse en tu lugar y está dispuesta a obsequiarte con la sangre de los otros, no solo conceder la vida, sino protegerla.

II. 1. Esto por lo que se refiere a Augusto viejo o cuando ya estaba en camino a la vejez; en su juventud se enardeció y se deshizo en cólera, hizo muchas cosas que le obligaron a desviar la mirada. Nadie se atreverá a comparar al divino Augusto con tu benevolencia, aunque compare su vejez bien avanzada a los años juveniles. Aceptemos que fue moderado y clemente; sí, lo fue después de que el mar de Accio quedase teñido de sangre romana;[48] sí, lo fue después de que en Sicilia quedó destrozada su escuadra y la ajena;[49] lo fue después de los altares de Perugia y las proscripciones.[50] 2. Y yo no doy el nombre de clemencia a una crueldad cansada. La verdadera clemencia, César, es la que tú ofreces, la que empezó sin tener que arrepentirse de la crueldad, no tener mancha alguna, no haber derramado nunca la sangre de un ciudadano.[51] Cuando se tiene el máximo poder, este es el verdadero control del espíritu y este el amor que incluye a todo el género humano: no poner a prueba cuánto le es posible contra sus conciudadanos dejándose llevar del apasionamiento, de la temeridad, de los ejemplos de gobernantes anteriores, sino embotar el filo del poder. 3. Has conseguido, César, una ciudadanía sin sangre, y de eso es de lo que te has vanagloriado lleno de generosidad; no haber vertido una gota de sangre humana en todo el orbe es tanto más grande y más extraño cuanto que a nadie nunca se le confió tan temprano una espada.

4. Por eso la clemencia no solo favorece la honradez en la gente, sino la seguridad, y es, al tiempo que ornato del poder, bienestar seguro. Pues ¿cuál es la razón de que los reyes hayan envejecido y hayan transmitido el reino a sus hijos y a sus nietos, de que sea

odioso y breve el poder de los tiranos? ¿Qué diferencia hay entre un tirano y un rey —pues aparentemente su suerte y libertad son semejantes—, sino que los tiranos se ensañan a placer, los reyes no, a no ser por motivos inevitables?[52]

12. 1. ¿Cómo? ¿No suelen también asesinar los reyes? Pero siempre que se lo aconseja la utilidad pública; la crueldad está enraizada en el corazón de los tiranos. Y el tirano dista del rey en sus acciones, no en el nombre. Efectivamente, Dionisio el Viejo puede con derecho y razón ser[53] antepuesto a muchos reyes, ¿y qué impide llamar tirano a Lucio Sila, para quien el fin de la matanza le fue impuesto por la falta de enemigos?[54] 2. Aunque abandonara su dictadura y se reintegrara a la vida privada, nunca un tirano bebió la sangre humana con tanta avidez como él; ordenó que fueran masacrados siete mil ciudadanos romanos, y, como mientras se celebraba sesión en el templo de Belona[55] hubiese escuchado en las cercanías el griterío de tantos miles que gemían bajo la espada, ante un senado aterrorizado dijo: «Continuemos, padres conscriptos; unos cuantos conjurados están siendo ejecutados por orden mía». No se lo inventó: a Sila le parecían pocos. 3. Pero luego abordaremos cómo hay que encolerizarse con los enemigos, especialmente si unos ciudadanos, desgajándose del cuerpo formado por la comunidad, se transforman en enemigos del Estado. De momento la clemencia logra lo que yo estaba diciendo: que exista una gran diferencia entre el rey y el tirano, aunque ambos se protejan igualmente con las armas. Pero el uno tiene las armas y las utiliza para proteger la paz, el otro para reprimir los grandes odios con grandes temores, y no contempla libre de cuidados las manos a las que se las ha entregado. 4. A partir de elementos contrarios se ve llevado a situaciones contrarias; es decir, al ser odiado porque se le teme, quiere que se le tema porque es odiado y aplica aquel detestable verso que acabó con tantos: Que odien con tal de que teman,[56] sin saber cuán grande

es la rabia que brota cuando los odios han crecido por encima de toda medida.

En efecto, un temor moderado mantiene el control sobre los espíritus, pero, cuando es constante, intenso y apunta a medidas extremas, provoca la audacia de los que están sojuzgados y los convence de que hay que intentarlo todo.

5. Una cuerda adornada de plumas puede retener a animales salvajes; en cuanto que un jinete los acose por detrás con sus armas, intentarán la huida atravesando los mismos obstáculos de los que huían y pisotearán el artilugio.[57] El valor más extremo es aquel provocado por el peligro de muerte. Es conveniente que el miedo nos deje alguna seguridad y nos muestre mucha más esperanza que peligro; de otro modo, cuando un hombre pacífico teme cosas semejantes, no le importa lanzarse contra los peligros y malgastar una vida que no le pertenece.

13. 1. A un rey pacífico y tranquilo le son fieles sus servidores porque los usa en favor del bien común. El soldado, orgulloso porque ve que presta servicios a la seguridad del Estado, sufre con gusto cualquier esfuerzo como guardián del padre. En cambio, es lógico que sus satélites supongan una carga para quien es cruel y sanguinario. 2. Nadie puede tener ayudantes fieles y de buena voluntad si los utiliza para torturar, equiparándolos al potro y las herramientas dispuestas para matar; si los lanza como si fueran bestias sobre los hombres. Más lleno de preocupaciones y angustias que cualquier reo porque teme a los dioses y a los hombres, testigos de sus malas acciones y dispuestos a vengarlas, se ve llevado al extremo de no poder cambiar de costumbres. En efecto, entre otras cosas, lo peor que tiene la crueldad es esto: que hay que proseguir y que no queda abierta la vuelta a situaciones mejores, pues los crímenes hay que protegerlos con crímenes. 3. ¡Y qué mayor desdicha que una persona que se ve obligada a ser malvada! Pues a los demás les está vedado compadecerse de quien ha ejerci-

do su poder con matanzas y pillajes; de quien llega a sospechar de todo, tanto en el exterior como en el interior; de quien, aun temiendo las armas, se refugia en ellas sin confiar en la fidelidad de los amigos, en el amor de los hijos; de quien, cuando ha vuelto la vista a su alrededor y ha descubierto lo que ha hecho y lo que va a hacer, y que su conciencia está llena de crímenes y torturas, teme con frecuencia la muerte, con mayor frecuencia la desea, más odioso para sí mismo que para sus servidores. 4. Por el contrario, el que se preocupa por todo y todo lo vigila, unas cosas más, otras menos, nutre a todos los que integran el Estado como a sí mismo, se inclina hacia medidas más suaves siempre que sea útil tomarlas, mostrando así cuán en contra de su voluntad echa mano de un remedio duro; aquel en cuyo ánimo no existe hostilidad ni salvajismo, que ejerce su poder pacífica y benévolamente en su deseo de que sus órdenes merezcan la aprobación de sus conciudadanos y se considera extremadamente feliz si comparte su fortuna, afable en la conversación, asequible y abordable, de aspecto —cosa que sobre todo valora el pueblo— amable, dispuesto a tomar en consideración las necesidades justas, difícilmente áspero incluso con las injustas, ese merece el amor, el respeto y la veneración de la ciudad entera. 5. De él los hombres dicen lo mismo en privado que en público; desean tener hijos y queda eliminada la esterilidad, que recae como un castigo sobre una sociedad desdichada: nadie tiene dudas de que va a ser apreciado por sus hijos, ya que les ha hecho ver una época así. Este *princeps*, seguro gracias a su comportamiento, no necesita de protección, tiene las armas por adorno.

14. 1. ¿Cuál es su tarea entonces? La de los buenos padres que suelen reñir a sus hijos algunas veces suavemente, otras veces amenazadoramente, en otras ocasiones suelen añadir golpes a las advertencias. ¿Acaso alguna persona cuerda deshereda a sus hijos a la primera afrenta? A no ser que hayan agotado su paciencia numerosos e importantes agravios, a no ser que sea más lo que teme que lo

que condena, no recurre a la firma definitiva. Antes intenta muchas cosas para que reaccione ese carácter vacilante, ya colocado en mal lugar. En cuanto lo da por perdido, pone en práctica soluciones extremas. Nadie llega a exigir el castigo más que cuando ha agotado los remedios.

2. Esto que debe hacer el padre, también lo debe hacer el *princeps*, al que hemos dado el nombre de Padre de la Patria sin dejarnos llevar de una falsa adulación.[58] Es cierto, los demás apelativos se han concedido a título honorífico. Les hemos llamado Magnos, Felices, Augustos,[59] y hemos acumulado sobre sus ansias de poder cuantos títulos hemos podido; se los hemos concedido. Pues bien, les hemos llamado Padres de la Patria para que se dieran cuenta de que se les había concedido la *patria potestas*, llena de moderación cuando se ocupa de los hijos y dispuesta a colocar lo propio después de lo de ellos. 3. Que como padre ampute sus miembros tarde, que incluso cuando los haya amputado desee reponerlos y sufra mientras los amputa después de múltiples y prolongadas vacilaciones; está muy cerca de condenar con gusto el que lo hace con rapidez, y está cerca de castigar injustamente aquel que lo hace con exceso.[60]

15. 1. A Tricón, caballero romano, según recuerdo, el pueblo lo atravesó en el foro con estiletes por haber matado a su hijo azotándolo; la autoridad del César Augusto apenas pudo arrebatarlo a las manos hostiles de padres e hijos. 2. A Tario, que condenó a su hijo al sorprenderlo mientras tramaba su muerte, después de celebrarse el juicio todo el mundo lo admiró porque se contentó con exiliarlo, retuvo al parricida en el maravilloso exilio de Marsella y le proporcionó una renta anual, la misma que solía pasarle cuando era inocente. Esta generosidad consiguió que, en una ciudad donde nunca falta un defensor de las peores gentes, nadie pusiera en duda que el reo había sido condenado con razón, porque lo había condenado un padre que no podía odiarlo.

3. Siguiendo con este ejemplo te mostraré a quién puedes comparar con un buen padre: un buen *princeps*. Cuando iba a celebrarse el juicio contra su hijo, Tario llamó a consulta al César Augusto; se llegó este a la casa del padre, se sentó, participó de una decisión que no era asunto suyo; no dijo: «Mejor que venga a mi casa»; si lo hubiese dicho, el juicio hubiera sido del César, no del padre. 4. Después de celebrado el juicio y de sopesarlo todo, incluido lo que el joven había dicho en su descargo y lo que constituía la base de la acusación, pidió que cada cual emitiera su fallo por escrito, para que el de todos no fuese el mismo que el del César. Después, antes de abrir las cédulas, juró que no aceptaría la herencia de Tario, hombre rico. 5. Puede que alguien diga: «Fue pusilánime por temor a que con la condena del hijo pareciera que quería dejar paso libre a sus esperanzas». Mi impresión es la contraria: a cualquiera de nosotros, ante opiniones maliciosas, le hubiera debido bastar la confianza en su conciencia tranquila; los *principes* deben además hacer concesiones a los rumores. 6. Juró que no aceptaría la herencia. Es cierto que Tario en un mismo día perdió un segundo heredero, pero el César consiguió libertad para emitir su fallo, y cuando dio pruebas de que su severidad era desinteresada, cosa de la que un *princeps* siempre debe ocuparse, dijo que debía ser desterrado adonde su padre decidiera. 7. No dictaminó la pena del saco, ni la de las serpientes,[61] ni la de prisión, pendiente como estaba no de aquello sobre lo que se estaba votando, sino de quién era asesor. Dijo que un padre debe contentarse con un tipo de pena muy suave para un hijo muy joven, instigado a un crimen en el que, y esto lo aproximaba a la inocencia, se había comportado con timidez; que debía ser alejado de la ciudad y de la vista de sus padres.

16. 1. Persona digna de que los padres lo llamasen a deliberar. Digno de que lo inscribieran como coheredero de sus hijos inocentes. Esta es la clemencia propia de un *princeps*: suavizar todas las situaciones, sea cual sea el lugar adonde vaya. Que nadie sea tan

despreciable para el rey que este no advierta su muerte: sea quien sea, es parte de su pueblo.

2. Apliquemos a los grandes poderes el modelo de los pequeños, no es único el tipo de gobierno: el *princeps* gobierna sobre los ciudadanos, el padre sobre sus hijos, el maestro sobre sus alumnos, el tribuno o centurión sobre sus soldados.[62] 3. ¿No parecerá un padre pésimo el que reprime con golpes constantes a sus hijos, basándose incluso en causas mínimas? ¿Y cuál de los dos profesores es más digno, el que martiriza a sus discípulos si la memoria no les responde o si por falta de agilidad se queda atascado en la lectura, o el que prefiere corregir y enseñar aconsejando responsablemente? Piensa en un tribuno y en un centurión cruel; será fuente de deserciones que, sin embargo, se perdonan. 4. ¿Es acaso justo que se den a un hombre órdenes más duras que las que se dan a las bestias? Y bien, un jinete experto en la doma no aterroriza al caballo con golpes frecuentes, pues se hará receloso y rebelde si no lo amansa con suaves caricias. 5. Lo mismo hace el cazador, tanto el que enseñó al cachorro a seguir sus huellas, como el que los utiliza, ya entrenados, para alertar o perseguir a los animales salvajes. Ni los amenaza con frecuencia —porque estropearía su energía y disminuiría todo lo que tienen de raza con un miedo que les es ajeno— ni les deja la posibilidad de andar por todos lados vagabundeando. Puedes incluir a los que conducen a las bestias de carga más lentas que, aunque nacidas para sufrir ultrajes y miserias, se podrían ver obligadas a sacudir el yugo si son víctimas de una saña excesiva.

17. 1. No hay animal más irascible que el hombre. Ninguno que deba recibir un trato más delicado que el hombre. Con ninguno hay que tener más cuidado. ¿Y hay algo más absurdo que ruborizarse por hacer recaer la ira sobre bestias de carga y sobre perros, y que el hombre esté sometido por el hombre a situaciones límite?

En las enfermedades nos medicinamos y no nos encolerizamos. Pues bien, también esta es una enfermedad del espíritu; ne-

cesita una medicina suave y, sobre todo, un médico que no sea hostil al enfermo. 2. Es propio de un mal médico perder la esperanza en lograr la curación. Debiera hacer lo mismo con aquellos cuyo espíritu está afectado aquel a quien se le ha confiado la vida de todos: no desechar rápidamente la esperanza ni manifestar públicamente la idea de que va a morir. Que luche contra los vicios, que les corte el paso, que reconvenga a los unos por su enfermedad, que engañe a otros con curas suaves en la intención de que sanen más rápidamente y mejor con remedios que no aparentan lo que son. Que el *princeps* no solo se preocupe por la salud, sino también por la dignidad de la cicatriz.

3. Ninguna, Nerón, ninguna gloria obtiene el rey por aplicar excesivas medidas de represión —¿quién duda de que puede hacerlo?— y, por el contrario, muy grande si frena su poder, si arranca a muchos a la ira ajena, si a nadie hace víctima de la suya.

18. 1. Mandar con mesura sobre los esclavos es un timbre de gloria. También cuando se trata de un esclavo hay que pensar no cuánto es capaz de aguantar sin consecuencias, sino cuánto de lo justo y lo bueno te permite la naturaleza, que ordena incluso perdonar a los cautivos y a lo que se ha obtenido con dinero. ¡Cuánto más acorde a la justicia servirse de los hombres libres, de condición libre, honrados, no como de esclavos, sino como de gente a la que aventajas en colocación y de la que se te ha encargado la tutela, no la esclavitud! 2. A los esclavos se les permite buscar refugio junto a una estatua:[63] aun estando todo permitido contra los esclavos, hay algo que el derecho natural impide autorizar sobre los seres humanos. ¿Quién no odiaba a Vedio Polión más que sus propios siervos[64] por engordar sus morenas con sangre humana y por ordenar que los que le habían ofendido en algo fueran arrojados a un vivero de qué otra cosa sino de serpientes? Hombre digno de mil muertes, bien arrojase a sus esclavos para que fuesen devorados por las morenas que iba a comerse, bien las alimentase con la in-

tención exclusiva de alimentarlas así. 3. Del mismo modo que los amos crueles se ven señalados por la ciudad entera y son odiados y detestados, así la justicia de los reyes es más ostensible, y la marca de la infamia y el odio se transmite a lo largo de siglos. ¡Cuánto mejor hubiera sido no nacer que contarse entre los vivos para desgracia de todos!

19. 1. Nadie podrá imaginar nada que sea más adecuado a un gobernante que la clemencia, sea como sea el gobernante y sea cual sea el derecho que lo ha puesto por encima de los demás. Reconoceremos que es tanto más bello y magnífico cuanto mayor sea el poder que ponga al servicio de los demás, poder que no es lógico que sea nocivo si se atiene a las leyes naturales.

2. En efecto, la naturaleza inventó al rey, cosa que podemos saber gracias a otros animales, entre ellos las abejas.[65] Su rey tiene un aposento en el lugar central y más seguro; además, está exento de cargas para así controlar el trabajo del resto. Cuando se pierde al rey se desintegra el todo, no soportan nunca a más de uno, y buscan al mejor haciéndolos combatir; además, la belleza del rey es notable, es distinto a los demás en tamaño y especialmente en brillo. 3. Sin embargo, en esto es en lo que más se distingue: las abejas son muy feroces y muy violentas en relación con su tamaño, dejan su aguijón en la herida que hacen. El rey no tiene aguijón. La naturaleza no quiso que fuera cruel y que persiguiese una venganza que le iba a costar muy cara: le quitó el aguijón y dejó su cólera desarmada. Gran modelo este para los reyes poderosos, pues la naturaleza tiene por costumbre ensayar con las cosas pequeñas y acumular sobre los fenómenos insignificantes lo que puede servir de lección para lo importante. 4. Hay que avergonzarse de no adoptar las costumbres de animales insignificantes, siendo así que el espíritu del hombre debiera ser mucho más moderado por cuanto que el daño que produce es más intenso. ¡Ojalá, sí, fuera idéntica la ley para el hombre y la cólera se quebrase junto con el arma, y no le

fuera posible dañar más de una vez, ni dar rienda suelta a su odio utilizando las fuerzas de otros! En efecto, la violencia se agotaría fácilmente si no contase más que consigo misma y si su aplicación supusiera peligro de muerte.

5. Pero tampoco ahora su curso es seguro; en efecto, es lógico que sienta tanto temor cuanto quiso inspirar y observe las manos de todos y, en el momento incluso en que no es objeto de engaños, piense que se le está atacando y no goce de un instante libre de miedo. ¿Alguien aguanta llevar una vida así, siéndole como le es posible aplicar su poder benefactor en medio de la felicidad general, sin dañar a los demás y por eso libre de cuidados? En efecto, se equivoca el que cree que el rey está a salvo allí donde nada está a salvo del rey. La seguridad es resultado de un pacto de seguridad mutua. 6. No es necesario elevar ciudadelas que dominen, ni amurallar colinas escarpadas, ni cortar las laderas de los montes y rodearse de murallas y torres sin fin: la clemencia propiciará al rey una seguridad libre de muros. Única protección inexpugnable es el amor de los ciudadanos. 7. ¿Hay algo más bello que vivir si todos así lo apetecen y emiten ese deseo sin que nadie los fuerce a ello? ¿Si cuando su salud ha vacilado un tanto no suscita esperanzas, sino temor? ¿El que no haya nada tan valioso para la gente que no prefiera cambiarlo por la salud de su protector? 8. No hay duda de que es más feliz que un dios, aquel que logra que todo el mundo viva para él.[66] En este punto ha dado pruebas de que el Estado no le pertenece, sino de que él pertenece al Estado. ¿Quién se atrevería a tenderle una trampa? ¿Quién, si tuviera la posibilidad, no querría mantener alejado del azar a un hombre bajo el cual florecen la justicia, la paz, el recato, la tranquilidad, la dignidad; bajo el cual una comunidad rica desborda rebosante de bienes? No contempla a su guía con una perspectiva distinta a como contemplaría a los dioses inmortales, si le concediesen la capacidad de verlos: lleno de respeto y veneración. 9. ¿Cómo?, ¿no ocupa un lugar

próximo a ellos el que se comporta de acuerdo con la naturaleza de los dioses en bondad, generosidad y poder encaminado al bien? Es su papel entregarse a ello, tenerlo por objetivo: su consideración como «Máximo» debe ir pareja a su consideración como «Óptimo».

20. 1. El soberano suele castigar por dos razones: bien se venga a sí mismo, bien a otro. Hablaré primero de la parte que a él le afecta, pues es más difícil mantener el equilibrio cuando la venganza tiene su origen en el resentimiento, que cuando se aplica con carácter ejemplarizante. 2. Resulta superfluo en este punto aconsejar que no sea excesivamente crédulo, que consiga la verdad, que proteja la inocencia y sepa que se está tratando de una cosa de interés no menor para el acusado que para el juez: la transparencia. En efecto, esto atañe a la justicia, no a la clemencia. Lo estamos animando a que, cuando se le hiera abiertamente, mantenga el control sobre sí mismo y condone la pena, si puede hacerlo sin riesgos. Si no puede, que se modere y sea mucho más comprensivo cuando se trata de las ofensas a él que cuando se trate de una ofensa a otros. 3. Pues del mismo modo que no es magnánimo el que es generoso con lo ajeno, sino quien da a los demás lo que se quita a sí mismo, así llamaré clemente no a quien se conmueve con el dolor ajeno, sino al que, acosado por los aguijones, no salta; al que entiende que la magnanimidad consiste en sufrir las injusticias cuando se está en la cima del poder y que nada hay más glorioso que un soberano a quien se ofende impunemente.

21. 1. La sanción suele tener dos consecuencias: o aporta alivio al que ha recibido la ofensa o seguridad con vistas al futuro. La posición del soberano es demasiado favorable para necesitar alivio, y su fuerza demasiado evidente como para buscarse reputación de fuerte infligiendo daño a los demás. Digo esto en el caso de que sea atacado y maltratado por los inferiores, pues, si ve por debajo de él a los que en otro tiempo fueron sus iguales, está suficien-

temente vengado. A un rey lo mata un esclavo, una serpiente, una flecha; lo que nadie puede es salvar una vida si no es superior al que intenta salvar. 2. De modo que el hombre poderoso debe usar generosamente de un don tan grande de los dioses como lo es conceder o quitar la vida. Especialmente en el caso de personas de las que sabe que en tiempos ocuparon un lugar tan elevado como él; poseer esa capacidad constituye el culmen de la venganza, es un castigo. En efecto, quien debe a alguien la vida la pierde, y todo aquel que, cayendo desde lo alto a los pies del enemigo, está pendiente del dictamen que otro emita sobre su vida y su reino, sigue viviendo para gloria de su salvador y le aporta más renombre sano y salvo que si se le hubiese eliminado de la vista, pues es un espectáculo constante de la bondad del otro: como si parte de su triunfo hubiese pasado rápidamente. 3. Y, si logra que se le asegure incluso su reino y que se le reponga allí de donde ha caído, brotan enormemente aumentadas las loas a quien se contentó con no tomar del rey vencido otra cosa que gloria. Esto es celebrar un triunfo sobre su propia victoria: dar testimonio de que no ha encontrado entre los vencidos nada digno del vencedor. 4. Con los ciudadanos, con la gente desconocida y de humilde condición, hay que actuar con tanta mayor consideración cuanto que es más fácil destrozarlos. A algunos se les perdona de buena gana; sobre otros es un hastío el tomar medidas y hay que retirar la mano de la misma manera que hacemos con los animales pequeños que ensucian a quien los aplasta; en cambio, en el caso de quienes van a seguir viviendo o recibir castigo a la vista de la comunidad, hay que aprovechar la ocasión para dejar ver la clemencia.

22. 1. Pasemos a las ofensas a los demás; para castigarlas, la ley ha seguido tres vías que el soberano también debe seguir: corregir a aquel sobre quien recae el castigo, mejorar a los demás aplicándole a este un correctivo, o proporcionar una vida más segura a aquellos eliminando a los malvados. A los implicados los corregi-

rás con más facilidad con un castigo menor, pues vive con más prudencia aquel al que le queda algo a salvo. Nadie siente respeto por la dignidad, cuando la ha perdido; un tipo de impunidad es no tener ya nada que perder. 2. Es más, la parquedad en los castigos es mejor correctora de las costumbres de la comunidad, pues, si son muchos los que obran mal, el obrar mal se convierte en un hábito y es menos grave la censura, pues la masividad de condenas la hace más ligera; incluso la severidad, cualidad que se considera el mayor remedio, pierde efectividad con el uso. 3. El soberano consigue que las buenas costumbres arraiguen en la comunidad y acaba con sus vicios si los tolera sin dar la sensación de que los aprueba, sino de que recurre al castigo en contra de su voluntad y con un gran malestar. La propia clemencia del gobernante provoca el rechazo a obrar mal. Parece mucho más grave el castigo que recibe la sanción de un gobernante suave.

23. 1. Además puedes ver que se cometen con frecuencia los delitos que a menudo se reprimen. Tu padre,[67] en el espacio de cinco años, condenó a la pena del saco a más gente de la que tenemos noticias que fuera encerrada a lo largo de la historia.[68] Los hijos se atrevían mucho menos a cometer el peor de los crímenes mientras el delito no fue legislado. Pues los hombres más destacados por su extraordinaria sensatez, los mejores conocedores de la naturaleza, prefirieron pasarlo por alto como crimen increíble, situado más allá de la osadía, a mostrar que podía cometerse al fijar un castigo para él. De modo que los parricidas comenzaron al tiempo que la ley y el castigo puso ante la vista el hecho; el amor a la familia quedó en el peor lugar en cuanto que vimos más sacos que cruces.[69]

2. En una ciudad en la que los hombres raramente son castigados, se produce un consenso con respecto a la inocencia y se la cuida como bien común. Que una comunidad piense que es inocente: lo será; se encolerizará más contra los que intentan alejarse de la austeridad general, si ve que son pocos. Es peligroso, créeme,

mostrar a una comunidad cuánto más numerosos son los malvados.

24. 1. En cierta ocasión se tomó la decisión, siguiendo una sentencia del Senado, de que los esclavos se distinguieran de los hombres libres por el modo de vestir;[70] más tarde se vio claramente qué gran peligro amenazaba si nuestros esclavos empezaban a contarnos. Ten en cuenta que eso mismo hay que temer si no se perdona a nadie: se hará evidente de inmediato cuánto más peso tiene la parte peor de la comunidad. No son menos vergonzosos para un soberano los muchos castigos, que para un médico los muchos entierros.

Se obedece mejor al que manda con más suavidad. 2. El espíritu del hombre es rebelde por naturaleza, tiende en dirección contraria y a lo más arduo; sigue con más facilidad el que se deja llevar y, tal como los caballos nobles y de pura raza se dejan conducir mejor con un freno tolerable, así la inocencia no impuesta sigue a la clemencia por propia voluntad y la comunidad la juzga digna de conservarla. De modo que se adelanta más por ese camino.

25. 1. La crueldad es el defecto menos humano y más indigno de un espíritu comprensivo; es propia de las fieras esa rabia que consiste en disfrutar de la sangre y las heridas y transformarse en animal salvaje desprendiéndose del hombre. Pues ¿qué diferencia existe, a ti te lo pregunto, Alejandro, entre que arrojes a Lisímaco a los leones o que lo desgarres con tus propios dientes?[71] Tuya es aquella boca, tuya aquella ferocidad. ¡Cómo desearías poseer más bien garras, fauces capaces de devorar hombres! No te pedimos que tu mano, ruina segura de amigos, sea beneficiosa a nadie, que tu espíritu feroz, desgracia insaciable de los pueblos, se sacie con menos que sangre y masacres. Llegamos a dar el nombre de clemencia a elegir un hombre como verdugo para matar al amigo. 2. Esta es la razón por la que hay que abominar, al máximo, de la crueldad, en primer lugar porque supera los límites habituales, después

de los humanos; investiga nuevos castigos, llama en su ayuda a la inteligencia para que imagine instrumentos que sirvan para variar y prolongar el dolor, se complace en la desgracia de las personas; esa terrible enfermedad interior alcanza los extremos de la locura en el momento en que la crueldad se transforma en placer y resulta agradable matar a un ser humano.

3. A un hombre así le acechan por la espalda la subversión, el odio, los venenos, la espada. Se ve alcanzado por tantos peligros como personas existen, para las que él supone un peligro; algunas veces el acoso procede de actitudes individuales y otras de la desazón general. En efecto, un pequeño castigo a un individuo no mueve ciudades enteras: la sinrazón, que ha comenzado a propagarse extensamente y alcanza a todos, recibe dardos por todas partes. 4. Las serpientes de pequeño tamaño engañan a la vista y no son objeto de búsqueda general; cuando alguna sobrepasa las medidas normales y crece hasta convertirse en un fenómeno, cuando contamina los manantiales con su saliva, quema lo que toca con su aliento y destroza los lugares por donde avanza, se la persigue con las armas. Pueden engañar y pasar desapercibidas las pequeñas desgracias, a las que son de consideración se les sale al paso. 5. Y así un solo enfermo tampoco altera una familia; ahora bien, cuando se hace evidente, debido a la frecuencia de muertes, que existe una epidemia, se produce el griterío y el abandono de la ciudad, y las manos se tienden contra los propios dioses. Bajo un techo cualquiera se hace visible un fuego: la familia y los vecinos echan agua; ahora bien, un incendio amplio, que ha devorado ya muchas casas, se ataja demoliendo parte de la ciudad.

26. 1. También las manos de los esclavos han vengado la crueldad de ciertos individuos arriesgándose a una crucifixión segura; con la de los tiranos intentaron acabar naciones y pueblos, aquellos cuya desgracia constituían y aquellos a los que amenazaban. En ocasiones se levantó contra ellos su propia guardia y fueron

víctimas de la deslealtad, de la falta de respeto, de la ferocidad y de todo lo que habían aprendido de ellos. En efecto, ¿qué puede esperar alguien de una persona a quien enseñó a ser malvada? La perversidad no se somete mucho tiempo ni se limita a hacer lo que se le ordena. 2. Pero aceptemos que la crueldad está segura, ¿cuál es su reino? No otro que la forma de las ciudades tomadas y el aspecto terrible del miedo colectivo. Todo está triste, tembloroso, confuso. Incluso se siente temor ante el placer. No asisten tranquilos a los banquetes (incluso los borrachos deben vigilar allí su lengua); tampoco a los espectáculos en los que se van a buscar motivos de acusación y peligro. Aunque se inviertan grandes sumas de dinero a costa de los recursos personales del rey y de rebuscados nombres de artistas, ¿a quién le gustan los festejos cuando está encerrado? 3. Dios mío, qué desgracia esta: matar, torturar, deleitarse con el ruido de las cadenas, cortar cabezas de ciudadanos y adondequiera que se haya llegado derramar sangre abundante, sembrar el terror y provocar la fuga con la sola presencia. ¿Sería distinta la vida si reinaran leones y osos, si se concediese poder sobre nosotros a las serpientes y a los animales más dañinos? 4. Todos ellos, privados de razón e inculpados por nosotros de ferocidad, respetan a los suyos; entre las fieras la semejanza equivale a seguridad. Nuestra rabia ni siquiera se reprime ante los más allegados, sino que pone al mismo nivel lo suyo y lo que es ajeno y cuanto más práctica adquiere, más se excita. Después del asesinato de personas aisladas se desliza hacia la aniquilación de pueblos enteros. Piensa que su poder consiste en prender fuego a las casas, pasar el arado sobre antiguas ciudades. Y cree que ordenar la muerte de uno o dos es poco para un soberano. Si no cayó bajo un golpe suyo un rebaño de desgraciados simultáneamente considera que su crueldad está siendo constreñida.

5. Felicidad es conceder la vida a muchos, volverlos a la vida arrancándolos de la muerte y merecer el reconocimiento de los

ciudadanos por la clemencia. No hay ornato más digno de la alta posición de un soberano, ni más bello, que la corona que se concede por salvar la vida a los ciudadanos;[72] no las armas arrebatadas a los vencidos, no los carros ensangrentados con la sangre de los bárbaros, no los despojos conseguidos en guerra. El poder de los dioses es este: salvar masas de gente y colectividades. Desde luego, matar a muchos indiscriminadamente es una posibilidad al alcance de incendios y derrumbamientos.

Libro II

Empieza el libro segundo recordando unas magníficas palabras de Nerón, reveladoras de gran clemencia (capt. 1). De ellas parte Séneca para augurar un reinado glorioso a su discípulo (2). Para que esta clemencia del César de instintiva se convierta en reflexiva, se emprende el estudio filosófico de esta virtud: primero dando varias definiciones (3), mostrando después cómo no es contraria a la severidad, sino solo a la crueldad y la misericordia, cuyo término medio ocupa (4, 5, 6). El sabio nunca perdonará, pero su clemencia producirá, sin faltar a la justicia, el mismo efecto (7).

I. I. A escribir sobre la clemencia, César Nerón, me impulsó especialmente una frase tuya que recuerdo haber oído, no sin admiración, cuando se pronunció, y después haber contado a otros; una frase noble, propia de un gran hombre, de una gran comprensión, que no surgió después de pensarla ni se entregó inmediatamente a oídos ajenos y que nos hizo percibir tu bondad en pugna con tu posición. 2. Contra dos malhechores tenía que tomar medidas Burro,[1] tu prefecto, hombre destacado y nacido para servir de apoyo a un soberano como tú, y te exigía que escribieras contra quiénes y por qué motivo querías tomar medidas; te apremiaba a que el asunto, a menudo diferido, se resolviese de una vez. Cuando él con renuencia, a ti que te mostrabas renuente, te sacó y entregó el documento, exclamaste: «Quisiera no saber escribir».[2] 3. Frase digna de que la oyeran todos los pueblos que habitan el Imperio romano, los que lindantes a él poseen una libertad dudosa y los que se levantan en su contra con todos los medios de que disponen. Frase que habría que lanzar en una asamblea compuesta por todos los seres humanos para que sobre ella juraran soberanos y reyes. Frase digna de la inocencia colectiva del género humano, merecedora de que se le devolvieran aquellos siglos del pasado.[3]

4. Es ahora cuando sería conveniente llegar a un acuerdo sobre qué es justo y bueno, cuando se ha eliminado el deseo de lo ajeno; de él procede toda desdicha interior; hacer resurgir el respeto a los demás y la integridad junto a la lealtad a uno mismo y la moderación, y lograr que los vicios que se han adueñado por largo tiempo del reino, cedieran su lugar, al fin, a unos tiempos felices y puros.

2. 1. César, es grato poner toda la esperanza y confiar en que esto va a suceder. Esa mansedumbre tuya interior se manifestará y se difundirá poco a poco por el inmenso cuerpo del Imperio y todo se conformará a imagen tuya. La buena salud se extiende desde la cabeza a todas las partes del cuerpo: son vigorosas y firmes o abatidas por la debilidad según que el espíritu esté vivo o languideciente. Serán los ciudadanos dignos de esta bondad, lo serán los aliados, y las buenas costumbres volverán a todo el orbe. En ningún lugar tendrás que intervenir.

2. Permíteme que me demore aquí, no para acariciar tus oídos —no es mi costumbre, prefiero ofender con verdades a recibir la aprobación por mis adulaciones—. Vamos a ver. Además de desear que seas plenamente consciente de tus actuaciones y de tus palabras para que lo que ahora es simple impulso natural se transforme en criterio, reflexiono sobre lo siguiente: muchas grandes frases, aunque detestables, son tenidas por verdades en la vida de los hombres y se transmiten con frecuencia en boca del pueblo, como: «Que odien con tal de que teman».[4] A esta es semejante el verso griego de quien ordena que cuando él muera se confunda la tierra con el fuego y otras sentencias de este mismo tipo.[5] 3. Y no sé por qué algunas inteligencias, tratándose de cuestiones brutales y odiosas, aceptaron poner voz a esos sentimientos incontrolados y excesivos: todavía no he escuchado una que exalte la dulzura de la bondad. ¿Cómo? Si bien raras veces, con reservas y grandes du-

das, en alguna ocasión te verás obligado a escribir eso que te llevó a odiar las letras, pero tal como lo haces: con grandes dudas, con muchas dilaciones.

3. 1. Y para que, llegado el momento, no consiga engañarnos el nombre de clemencia, y nos conduzca al extremo opuesto, veamos qué es la clemencia, cuál es su naturaleza y qué limites tiene. La clemencia es el control interior cuando se tiene poder para vengarse, o la comprensión de un superior frente a un inferior al decidir una pena. Es más seguro proponer varias alternativas a fin de que una sola definición no abarque totalmente el objeto y, por así decirlo, se rechace la fórmula.[6] De modo que puede decirse que hay que procurar inclinarse a la lenidad en la fijación de la pena. 2. La definición propuesta encontrará objeciones, aunque en lo fundamental se aproxime a la verdad. Si decimos que es clemencia la mesura que perdona parte de la pena merecida y debida, se protestará diciendo que ninguna virtud atribuye a nadie menos de lo debido. Ahora bien, todos entienden que es clemencia la que no alcanza los límites que pudieran merecerse si nos guiamos por la razón.

4. 1. Contraria a ella considera el común de la gente la severidad;[7] pero ninguna virtud es contraria a la virtud. Entonces, ¿qué se opone a la clemencia? La crueldad, que no es otra cosa que la brutalidad en la aplicación de las penas. Pero algunos no aplican penas y, sin embargo, son crueles: por ejemplo, la gente que mata a seres humanos desconocidos a los que se encuentra por casualidad, no para obtener beneficios, sino simplemente por matar. Y no contentos con asesinar se ensañan, como el conocido Busiris, Procuste[8] y los piratas que azotan a quienes capturan y los arrojan vivos al fuego. 2. Esta, desde luego, es crueldad, y no porque persiga la venganza —pues no ha recibido ofensas—, no porque se encolerice contra un delito —pues no va precedida de ningún crimen—, cae fuera de los límites de nuestra definición. La definición supo-

nía la falta de control interior en la aplicación del castigo. Podemos decir que no es crueldad, sino ferocidad, si ensañarse constituye un placer. Podemos llamarla locura, pues hay tipos distintos y ninguno es más claro que el que llega al asesinato y la tortura de los hombres. 3. Llamaré crueles a los que tienen un motivo para castigar y no tienen medida, como el caso de Fálaris, que dicen que no es que se ensañase con hombres inocentes, sino que fue más allá de las medidas humanas y comprensibles.[9] Podemos escapar a las sutilezas y llegar a la siguiente definición: crueldad es la tendencia a las medidas más duras. La clemencia la rechaza y le ordena que se mantenga lejos,[10] pues con la severidad tiene puntos en común.

4. Nos concierne investigar en este punto qué es la compasión. En efecto, muchos la alaban como virtud y al hombre bueno le llaman compasivo. Y este es un defecto. Ambas están colocadas en las proximidades de la severidad y de la clemencia, y debemos evitarlas. En efecto, bajo la apariencia de severidad incurrimos en la crueldad; bajo la apariencia de clemencia, en la compasión. En esto último el error es menos peligroso, pero es error semejante al de quienes se alejan de la verdad.

5. 1. Por eso, del mismo modo que la religión es veneración a los dioses, la superstición un sacrilegio,[11] así todos los hombres de bien se mostrarán clementes y comprensivos y evitarán la compasión. En efecto, es un fallo del espíritu apocado que se derrumba al contemplar las desdichas de los demás. De modo que es también más afín a los peores: son las viejas y las pobres mujeres las que se conmueven con las lágrimas de las personas más peligrosas, las que, si se les permitiera, allanarían las cárceles. La compasión no pone su vista en el motivo, sino en la suerte: la clemencia se aproxima por la parte de la razón.

2. Sé que de la doctrina estoica se habla mal entre el común de la gente,[12] como si resultara demasiado dura y fuese a dar consejos

poco buenos a príncipes y reyes; se le objeta que niega al sabio la compasión, le niega el perdón. Estas afirmaciones, así expuestas, son odiosas. En efecto, no parecen dejar esperanza alguna a los errores humanos, sino condenar todos los delitos al castigo. 3. Si es así, ¿qué verdad encierra la ciencia que ordena olvidarse de lo humano y, frente a la suerte, nos cierra el puerto más seguro, el de la solidaridad? Pero no hay doctrina más benigna y más suave, no hay doctrina más amante de los hombres y más pendiente del bien común, de tal modo que se propone ser útil, ser una ayuda y no solo ocuparse de sí misma, sino de todos y cada uno. 4. La compasión[13] es una enfermedad del espíritu que se contrae al contemplar las desgracias de los demás, o una depresión causada por los males de los demás que cree que suceden a quienes no lo merecen. Y la enfermedad no recae sobre el sabio: su mente está serena y no puede sucederle nada que la ofusque. Nada le es tan adecuado a un hombre como la grandeza de ánimo y no puede la grandeza coexistir con la tristeza.[14] 5. La tristeza destroza la mente, la degrada, la reduce. Esto no debe sucederle al sabio, ni siquiera ante una calamidad personal; rechazará las iras de la fortuna y las destrozará antes de que le alcancen. Siempre conservará el mismo aspecto, plácido, inalterable, cosa que no podría hacer si diera cabida a la depresión.

6. 1. Añade otra cosa: que el sabio prevé los sucesos y tiene pronta la decisión; nunca la claridad e integridad proceden de lo turbio. La depresión no sirve para dar su justo valor a las cosas, para pensar en lo que puede ser útil, para evitar los peligros y valorar con equidad los daños. Por eso no se compadece, porque eso no sucede sin que el espíritu se degrade. 2. Todo aquello que quiero que hagan los que experimentan compasión lo hará sin esfuerzo también el hombre de espíritu elevado: prestará ayuda a las lágrimas de los otros, no se unirá a ellas; ofrecerá su mano al náufrago, su hospitalidad al exiliado, dinero al necesitado; no ese dinero

ofensivo que la mayoría de los hombres que quiere parecer compasiva desecha, al tiempo que siente hastío ante quienes ayuda y teme que lo toquen, sino que como hombre hará partícipe a otro hombre de lo que les es común. Cederá el hijo a las lágrimas de su madre y ordenará que se le libere de las cadenas, lo salvará de la arena[15] y también sepultará en tierra el cadáver de un culpable; pero lo hará tranquilamente, manteniendo su aspecto. 3. Por eso el sabio no se compadecerá, sino que acudirá en ayuda, prestará su apoyo, nacido como es para servir a la comunidad y para el bien de la comunidad; otorgará a cada cual el apoyo que le corresponde. También transmitirá su bondad, en la medida en que lo merezcan, a las víctimas de las desgracias, a los que merecen reproches y necesitan enmienda; acudirá con mucho más interés en favor de los afligidos y de los que sin razón se ven agobiados por la angustia. Siempre que pueda, cortará el paso a la fortuna. En efecto, ¿cuándo puede usar mejor de sus recursos o de su fuerza que cuando debe restituir lo que el azar arrastró? Desde luego, no apartará su rostro ni su espíritu ante una pierna seca, una delgadez envuelta en harapos o una vejez que se apoye en un bastón; por lo demás se pondrá al servicio de todo hombre digno y, siguiendo la costumbre de los dioses, contemplará a las víctimas de la desgracia lleno de buena voluntad.

4. La compasión está próxima a la desgracia. En efecto, tiene algo tomado de ella. Se sabe que son ojos débiles los que lagrimean ante las lágrimas de otros, tanto como que es una enfermedad, no buen humor, el reírse siempre cuando otros se ríen, y el abrir también la boca ante un bostezo de cualquiera; la compasión es un vicio de los espíritus que se aterrorizan en exceso ante la desgracia. Si alguien la exige al sabio está a punto de exigir que se lamente y gima ante los funerales de otra persona.

7. 1. «Pero, ¿por qué no perdonará a nadie?» Fijemos ahora también qué es el perdón y nos daremos cuenta de que el sabio no debe

otorgarlo. El perdón es la absolución de un castigo merecido. Por qué no debe otorgarlo el sabio lo explican largamente aquellos que se proponen ese objetivo. Yo, por ser breve, como en un juicio que no me corresponde, te diré: se perdona a quien debiera ser castigado y el sabio no hace nada que no deba hacer, no pasa por alto nada que deba hacer. De modo que el castigo que debe exigir no lo condonará. 2. Pero aquello que quieres conseguir con el perdón te lo otorgará por un camino más digno. En efecto, el sabio será indulgente, dará su opinión y corregirá; hará lo mismo que si perdonara, y no perdonará, ya que el que perdona reconoce que ha omitido algo que hubiera debido hacerse. Al uno lo amonestará solo de palabra, no lo hará víctima del castigo en consideración a su edad susceptible de enmienda; a otro, que se ve aplastado sin duda por lo odioso del crimen, ordenará que quede incólume, porque ha sido engañado, porque se dejó arrastrar por el vino. Dejará marchar sano y salvo al enemigo,[16] en ocasiones incluso después de alabarlo, si se ha visto llevado a la guerra por una causa honrosa: la defensa del honor, de las alianzas, de la libertad. 3. Todo esto no es obra del perdón, sino de la clemencia. La clemencia decide libremente. No emite su juicio de acuerdo con fórmulas jurídicas, sino de acuerdo con la equidad y el bien. Le está permitido absolver y valorar el daño en lo que quiera. No hace nada de esto como si no alcanzara a ser justo, sino como si lo que ha decidido fuese lo más justo. Perdonar es no castigar a quien consideras digno de castigo; el perdón es la absolución de un castigo merecido. La clemencia, en primer lugar, actúa de modo que hace saber que aquellos a quienes deja libres no deben sufrir otro veredicto distinto; es más completa que el perdón, más honrosa.

4. Sobre la palabra, en mi opinión, existe discusión; sobre el contenido hay acuerdo. El sabio dispensará muchas cosas, salvará a mucha gente de carácter poco recomendable, pero recuperable. Imitará a los buenos agricultores que no solo cuidan de los árboles

1. Lucius Annaeus Seneca, *De clementia libri duo*, ed. Ermanno Malaspina, Edizioni dell' Orso, Alessandria, 2001.

2. En este caso la mención del espejo va más allá de la función atribuida a este adminículo en *Sobre la ira* II, 36, 1, donde sirve para avergonzar al colérico al reflejar su imagen. Está más próxima al uso tópico de esta metáfora cargada del valor político que le confiere toda una literatura anterior.

3. Es significativo que el soliloquio de Nerón comience con esta frase que lo vincula a los dioses. En efecto, a pesar de que no existe ablativo agente que indique quién es el responsable de la elección de Nerón, cosa que se entiende en el sentido de una etapa incipiente en la divinización del origen del poder absoluto, es evidente el intento de establecer un nexo estrecho entre el soberano y los dioses.

4. Todo este párrafo está lleno de alusiones léxicas de carácter jurídico (*arbiter, in mea manu, pronuntiat, ex nostro responso, mea iuris dictio*). Todo ello dentro de un contexto que expone las posibilidades que se abren ante el poder absoluto no sometido a control ninguno, tal como sucede con el de los dioses, como si la máxima manifestación del poder consistiera en erigirse en ley suprema.

5. Véase J. R. Fears, «Nero as the Vice-regent of gods in Seneca's *De clementia*», *Hermes*, 103 (1975), pp. 486-496.

6. La *innocentia*, tomada en su valor etimológico, equivale a una actitud consistente en no hacer daño (*nocere*).

7. Esta opinión de Séneca sobre los comienzos del reinado de Tiberio coincide con las manifestaciones del propio Tiberio, que decía querer enlazar su gobierno con el de Augusto (Tácito, *Anales*, I, 11-12).

8. He optado por la lectura de los manuscritos: *ad gustum*, que favorece la idea de que el tiempo que Nerón lleva en el poder es muy escaso.

9. Lo interpreto en el sentido del estoicismo senequiano, para el cual el individuo goza de la máxima libertad, puesto que en último término puede recurrir al suicidio. Esta interpretación supone, pues, que Séneca presta al Estado los rasgos del individuo.

10. Ya en 44 a. C. el Senado decidió erigir un templo a la Clemencia de César (Plutarco, *Caes.* 57; Dión Casio, XLIV, 6, 4).

11. Los investigadores se dividen al opinar sobre cuál es el verdadero destinatario de esta alusión: desde quienes piensan que se trata de la secta estoica, hasta quienes ven una referencia a *exempla* romanos tradicionales. Por ejemplo, P. Faider y Ch. Favez, *Sénèque. De la Clémence II. Commentaire*, Brujas, 1950, lo relaciona con Catón de Útica en su discurso contra Catilina (Salustio, *Catil.* 52).

12. La utilización de símiles médicos es muy frecuente en Séneca.

13. Son muchas las conjeturas ofrecidas para este pasaje por los principales editores de la obra, entre otras: *manuductionis* (Lipsius), *manus iniectionis* (Madvig), *mansuefactionis* (Gertz), *humanissimi Neronis* (Préchac), *animi remissionis* (Kronenberg), *in animi remissi bonis* (Thomas), *sanguinis humani missionis* (Herrmann), *in animi remissione* (Wagenwoort), *humanae missionis* (Alexander), *mansuetudinis* (Capocci), *manus remissionis* (Mazzoli). Traduzco la propuesta por mí.

14. Al desarrollo de esta idea está dedicado el comienzo del libro II.

15. El texto latino dice exactamente: «hace suya con el uso», expresión jurídica.

16. Véase Séneca, *De benef.*, I, 7, 1: *sociale animal et in commune genitus.*

17. Referencia a los epicúreos.

18. Resulta casi imposible traducir el valor institucional de *princeps.* Utilizado desde Augusto, en su afán por evitar la designación tradicional para quien desempeña un poder unipersonal, *princeps* ofrecía la ventaja de sugerir «primacía entre», eliminando así connotaciones alusivas al carácter absoluto del poder. Cicerón había utilizado la designación *Princeps ciuitatis* en su tratado *De re publica* (5, 7, 9) para el dirigente del Estado. A esto se unía que, cuando fue elegido por Augusto, no tenía carácter oficial.

19. Primera referencia a la relación entre Nerón y el sol. Véase P. Grimal, «Le *De clementia* de Sénèque et la royauté solaire de Néron», *Rev. Et. Lat.*, 49 (1971), pp. 205-217, en especial p. 214.

20. Aunque se trata de un pasaje corrupto, es decir, carente de sentido si nos atenemos a lo que se lee en los manuscritos, se suele ver en él una alusión a dos *exempla* clásicos para los romanos: el de G. Mucio Escévola, que, después de fallar en su intento de acabar con Porsena, rey etrusco, mostró su indiferencia al dolor poniendo su mano sobre el fuego (Liv., II, 12), y el de M. Curcio, que se lanzó a una grieta que se había abierto en el foro para conjurar los males que parecía que iban a derivar de la aparición de la sima (Liv., VI, 7, 1-6). La lectura de los manuscritos *subsiluimus* se utiliza para designar un salto hacia arriba o el acto de ponerse en pie. Pero tampoco encajaría en el texto latino, que necesita de un verbo transitivo. Atendiendo a la versión de Valerio, *Max.* 5, 6, 2, podría pensarse en un *terram subsidentem* («la tierra que se hunde, que se abre»), seguido de un verbo como *petimus.*

21. Virgilio, *Georg.*, 4, 212-213, referido a las abejas.

22. Calvino interpreta la frase *in quem se res publica conuertit*, «el Estado se dirige a él en busca de apoyo». La frase siguiente parece restar viabilidad a esa interpretación.

23. Con «el César» quiero dar a entender que no se trata de un personaje en concreto, sino de la figura del César.

24. La igualdad entre las virtudes es una idea estoica.

25. La mujer como ejemplo de ser incapaz de controlarse constituye casi un tópico en Séneca y, en general, en la literatura latina.

26. Se trata del teatro de Balbo, situado entre el Tíber y el teatro de Pompeyo; el teatro de Marcelo, entre el Tíber y el pórtico de Octavia y todavía hoy conservado en buen estado; y el teatro de Pompeyo, entre los jardines de Agripa y el teatro de Balbo.

27. Esta visión pesimista de la naturaleza humana es frecuente en Séneca; sin embargo, no está en contradicción con la idea del hombre como animal engendrado para hacer el bien (*epist.* 103, 2). El ser humano, pues, se concibe como capaz de lo mejor y de lo peor, aunque en los escritos de Séneca predomine esta última apreciación. Puede ser ilustrativa la descripción de la humanidad que hace en *Cuest. Natur.* II, 30, 8.

28. Los arúspices en Roma son sacerdotes encargados de interpretar el significado de las entrañas de las víctimas sacrificadas, así como todo tipo de prodigios, e incluso interpretar y conjurar la caída de rayos. Todo objeto o ser fulminado por el rayo era considerado *sacer* y correspondía al arúspice recoger los restos de la víctima. Existía toda una ciencia, importada de Etruria, llamada *haruspicina* o *Etrusca disciplina*, contenida en libros sacerdotales (Cic., *Divin.*, 1, 22, y Séneca, *Cuest. Nat.*, 2, 50 ss.).

29. Admito la conjetura de Préchac: *nobilem esse tibi seruitutem*. Los manuscritos dan *nobis esse tibi seruitutem*.

30. Este pasaje ha sido utilizado por P. Grimal, *Sénèque ou la conscience de l'Empire*, París, 1978, para establecer un paralelismo con determinadas ideas egipcias sobre la monarquía. Se trata de un pasaje controvertido en la frase inicial. Yo he aceptado la variante de los manuscritos *contra te*, aunque muchos estudiosos intentan cambiarla para encontrar mayor coherencia, y así Lipsius ya conjeturaba el *circa* que recoge Préchac. Lo que queda claro es que está tratando la figura de Nerón atribuyéndole, metafóricamente, características propias de un astro.

31. Este, junto a 1, 3, 1, son los pasajes que han merecido mayor atención. Especialmente el comienzo de este capítulo reviste gran importancia, ya que es la base textual para fijar la fecha de redacción de la obra (véase «Presentación»). Además de adoptar la puntuación que hace verosímil el supuesto de que Séneca escribiera este tratado antes de que Nerón asesinara a Británico, he interpretado la primera frase, que contiene sin duda una indicación cronológica, en un sentido muy amplio. En los manuscritos se lee *in communi... rei publicae*, expresión un tanto oscura por lo que se refiere al primer elemento, *in communi*, que habría que interpretar como sustantivo. Augusto nació en septiembre del año 63. En su *Res Gestae*, que él mismo redactó e hizo grabar en varias tablas, se lee que a los diecinueve años se procuró un ejército personal para salvar a la res publica: *Annos undeviginti natus exercitum privato consilio et privata impensa comparavi, per quem rem publicam ... in libertatem vindicavi*. Sin apriorismos de ningún tipo, podría pensarse que Séneca se está refiriendo a ese episodio. Luchar en Munda, en marzo del 45, no puede contarse como algo en contra de un comportamiento aceptable.

32. Alusión al asesinato de los cónsules Hirtio y Pansa en el año 43, durante la guerra de Módena (abril de ese mismo año). El dato no coincide con la edad atribuida por Séneca a Augusto, como sucede con los siguientes si se interpreta el pluscuamperfecto como de anterioridad a una fecha concreta. Si se acepta la fecha como punto de partida, el problema queda muy atenuado: «durante el período que siguió a los dieciocho años...». Véase P. Schimmenti, «Sulla datazione del *De clementia* (*Clem.*, 1.9.1)», *Giorn. Istruz. Fil. Class.*, 52 (2001), pp. 37-68.

El episodio siguiente se basa en una acusación de Antonio contra Octavio por haber atentado contra su vida, recogida por Veleyo Patérculo en el capítulo 60 del libro II. Está fechado en octubre del 44, es decir, recién cumplidos los veinte años. Finalmente se alude a las proscripciones ordenadas durante el triunvirato, que comenzaron a finales de noviembre del 43, cuando ya Octaviano contaba veintiún años.

33. Este episodio solo lo conocemos por Séneca y Dión Casio (55, 14-22). No se sabe si Dión Casio lo tomó de Séneca ampliándolo en ciertos aspectos, o si bien ambos utilizaron una fuente común, que suele identificarse con la *Historia escrita* por el padre de Séneca: Séneca el *rhetor*.

    Se ha querido ver aquí un error, incluso corregido por Préchac cambiando los años de Augusto de 40 a 60, debido a que Dión Casio coloca la conjuración de Cinna en el año 4 d.C.; pero, en realidad, si, al igual que en el caso anterior, tomamos los cuarenta años como inicio de una etapa vital, las contradicciones desaparecen. Las otras visitas que conocemos de Augusto a la Galia son del 27 a. C. y del 10-9 a. C. (véase D. R. A. Shotter, «Cn. Cornelius Cinna Magnus and the adoption of Tiberius», *Latomus* 33 (1974), pp. 306-313). Partidario del año 4 es Préchac, «Sénéque et l'histoire», *Rev. Phil.* 9 (1935), pp. 361-370; ídem, «Encore Sénèque et l'histoire», *Rev. Phil.* 14 (1940), pp. 247-253.

    Sí es un error el nombre de Lucio que le adjudica a Cinna, seguramente por confusión con su padre, hijo de L. Cornelio Cinna, partidario de Mario. Su nombre era Gneo Cornelio y era nieto de Pompeyo por vía materna. Una hermana de su padre fue la primera mujer de César.

34. La expresión «inmolar» intenta introducir la idea, más adelante explícita, de que el atentado estaba planeado durante el momento en que Augusto estuviera haciendo el sacrificio y, por tanto, unía al rechazo natural producido por el asesinato de un *princeps* la mancha del sacrilegio.

35. Se trata de diversos atentados fallidos: Gneo Salvidieno Rufo, M. Lépido (hijo del triunviro), Fanio Cepión y A. Terencio Varrón Murena y, por último, Rufo Egnacio; estos atentados se escalonan desde el año 40 al 20. En el caso de Cepión y Murena existe una pequeña licencia por parte de Séneca, ya que no se trata de dos, sino de un atentado. Nos lo refiere Veleyo Patérculo en *Hist.*, II, 76, 88 y 91.

36. Durante el enfrentamiento entre Antonio y Octavio, del 32 al 30 a. C., Cinna tomó partido por Antonio.

37. Nombres todos representativos de las familias romanas de más prestigio.

38. El texto latino habla de *imagines*, que he traducido por «antepasados». Las *imagines* eran mascarillas de cera que reproducían el rostro de los difuntos de alto rango, y que se colocaban sobre bustos situados a lo largo de las paredes del *atrium* de la casa. Portadas por actores, acompañaban el entierro de los miembros destacados de la familia.

39. El consulado de Cinna es del año 5 d. C.

40. Indicación de que la muerte de Cinna fue anterior a la de Augusto.

41. La madre de Nerón, Agripina, era hija de Agripina la Mayor, hija de Julia y nieta, por tanto, de Augusto.

42. Se trata de G. Crispino Salustio, sobrino del historiador Salustio; M. Cocceyo Nerva, cuyo hermano fue abuelo del futuro emperador Nerva; Delio, del que nos habla Séneca *rhetor* en *Suas.*, I, 7, y al que Horacio dirigió una de sus *Odas* (2, 3).

43. Expresión figurada para designar a los amigos del emperador que gozaban de mayor confianza y eran recibidos inmediatamente por él (*primae admissionis*).

44. Gneo Domicio, bisabuelo de Nerón y partidario de M. Antonio; M. Valerio Mesala Corvino, partidario de Bruto; Asinio Polión, amigo de Antonio, aunque después rompiera con él, y conocido historiador; Cicerón, el hijo del orador, que combatió en el ejército de Bruto en la batalla de Filipos. Los plurales son poéticos.

45. Se trata de su compañero de triunvirato, M. Emilio Lépido, que en el año 36 se volvió contra Augusto. Este lo venció y lo perdonó, dejándole su fortuna y su cargo de Sumo Pontífice. Murió en el 13 o 12 a. C.

46. Solo en el año 2 a. C. aceptó Augusto el título de *Pater patriae*. Aquí Séneca, al omitir el determinante *patriae*, le quita carácter oficial y amplía su alcance.

47. Los reiterados adulterios de Julia acabaron con su relegación a la isla de Pandataria en el año 2 a. C., aunque más tarde se le permitió vivir en Rhegium (Reggio Calabria). Entre sus amantes se contó, por ejemplo, Julio Antonio, hijo de M. Antonio.

48. Batalla de Accio, en septiembre del año 31 a. C.

49. Batallas de Mylas y Naulocos en Sicilia. La flota de Sexto Pompeyo, hijo de Pompeyo Magno, fue destrozada por las fuerzas de M. Vipsanio Agripa y Augusto en el año 36 a. C.

50. Episodio relacionado con el período que sigue a la muerte de César. El hermano de M. Antonio, Lucio Antonio, se levanta contra Octavio. Este lo cerca en Perugia y logra que se entregue (año 40). Perugia es incendiada y saqueada, los dirigentes de la ciudad ejecutados y trescientos *equites* y senadores degollados en un ara, en conmemoración del aniversario de la muerte de César. Sin embargo, se perdonó a L. Antonio y a todos los integrantes de su ejército.

   Por lo que se refiere a las proscripciones, se trata de una medida tomada en unión con M. Antonio en el año cuarenta. Consistía en hacer pública una lista de personas declaradas fuera de la ley por ese mismo hecho, y cuyos bienes eran confiscados. Se ofrecían recompensas por acabar con los proscritos y se excluía de la carrera política a sus hijos y nietos. Este sistema había sido ya utilizado por Sila en los años 82 y 81 a. C.

51. Esta es la frase que provoca mayor malestar si se acepta que la composición del tratado es posterior a la muerte de Británico.

52. Me parece muy acertada la observación de P. Faider a este pasaje: cada una de estas palabras, según él, no está referida a un régimen político, sino a un tipo de hombre, «un bon tyran es préférable à un mauvais roi, il est en fait un bon roi».

53. Se trata de Dionisio el Viejo (c. 430-367 a. C.), tirano de Siracusa, del que autores como Nepote y Cicerón registran cualidades muy positivas. Platón lo visitó.

54. Referencia a L. Sila. que abandonó el poder voluntariamente en el año 80 a. C., después de haber asumido la «dictadura» en el año 82. No hay que olvidar que el título de *dictator* le fue conferido por el Senado, y que el término *dictator* designa una realidad distinta a la que actualmente se conoce como «dictador». El *dictator* se contempla durante la primera etapa de la república romana como una posibili-

dad legal admisible en circunstancias excepcionales. Cuando el Senado declara el estado de excepción, uno de los cónsules designa un dictador por tiempo limitado: seis meses. Su poder era absoluto, lo cual implicaba que se derogaba momentáneamente la autoridad de los otros magistrados, salvo el de los tribunos de la plebe, a los que Sila suprimió.

55. El templo de Belona, diosa de la guerra, estaba situado en el Campo de Marte, entre el Circo Flaminio y el teatro de Pompeyo.

56. *Oderint dum metuant*, famosa frase de la tragedia *Atreo* de Accio, poeta del siglo II a. C., que Séneca utiliza con mucha frecuencia. Según cuenta Suetonio en su vida de Tiberio (59) y Calígula (30), estos dos emperadores la pronunciaban continuamente; Séneca solo la pone en boca de Calígula.

57. Este instrumento se llamaba *formido*. Lo describe Gratio, poeta de época de Augusto, en su *Cinegética*, vv. 75-88. Según este, el pánico lo provocan las plumas de buitre y de cisne blanco atadas al cordel, debido al olor desprendido por las plumas del primero, y al contraste de color ofrecido por el segundo. Sobre todo inspira miedo a los ciervos; teñidas de rojo provocan terror en todo tipo de animales.

58. Esta frase es utilizada por L. Herrmann en «La date du *De clementia*», *Rev. Et. Lat.,* 7 (1929), pp. 94-103, para defender una redacción del tratado en el año 58, ya que el título de *Pater patriae* no fue concedido a Nerón hasta cumplidos los veinte años. En general esta mención suele interpretarse como referida al *princeps* en cuanto que ese es el modo de designar a todos los emperadores, no a uno en concreto. P. Faider, en su comentario a este pasaje (*op. cit.*) piensa, sin embargo, que esta alusión hay que referirla a Augusto. Parece contradecir esa opinión la frase siguiente donde se vuelve a mencionar al *Pater patriae*.

59. Pompeyo, Sila y Octavio. Se produce aquí una asimilación de distintos poderes unipersonales que pone en evidencia cuál es la postura de Séneca ante esa realidad política.

60. La metáfora de los súbditos como miembros del cuerpo del soberano está aquí expuesta con toda claridad. En español no es fácil percibirlo, puesto que «sus» puede ir referido tanto al emperador como a los súbditos, mientras que en latín es únicamente atribuible al emperador.

61. Se trata de modalidades de pena de muerte impuestas a los parricidas. A los culpables se les metía en un saco de cuero, cuya boca se cosía, y se los arrojaba al agua. En ocasiones se encerraban en el saco serpientes. En realidad, se trata de una sola modalidad con dos variantes. Se observa aquí el afán de Séneca por recoger la afición de Claudio a participar en cuestiones jurídicas; de todos es conocida (la *Apocoloquintosis* del mismo Séneca así lo hace constar) la manía de Claudio por intervenir en todo tipo de juicios sometiéndolos a su jurisdicción personal.

62. La propensión a ejemplificar con situaciones más conocidas después de haber expuesto los principios generales es aquí clara. Del ámbito de la vida civil toma dos casos, y otros dos del de la esfera militar. El tribuno y el centurión corresponden, a su vez, a dos esferas distintas. Los tribunos militares eran oficiales y, durante el Principado, sus puestos se reservaban para los jóvenes que comenzaban la carrera senatorial o ecuestre. Los centuriones eran suboficiales y profesionales, aunque en este período podían acceder a ese rango jóvenes que habían iniciado y abandonado la carrera ecuestre.

63. Ya en las comedias de Plauto se da la escena del esclavo que, huyendo de los malos tratos del amo, busca refugio en un altar. Durante el Principado ese valor protector se hizo extensivo a las estatuas de los *principes* (véase Gayo, *Instituciones*, 152: *ad fana deorum uel ad statuas principum*).

64. Caballero romano, originario de Bitinia, liberto de procedencia. Era amigo de Augusto, a quien legó parte de su fortuna. Séneca, en su tratado *Sobre la ira* (III, 40, 2-4), cuenta la anécdota, aquí aludida, con muchos más detalles. También la recogen Dión Casio (LIV, 23) y Plinio (*Historia Natural*, IX, 77). Vedio Polión, hombre riquísimo, poseía un vivero de morenas: en una ocasión, estando presente Augusto, uno

de los esclavos rompió una copa de cristal y, ante la intención de su dueño de arrojarlo al estanque, pidió protección a Augusto. Este hizo que Vedio Polión perdonara al esclavo y le obligó, además, a romper toda la cristalería. La forma de la morena hace posible entender que Séneca las relacione con las serpientes, utilizando un símil popular.

65. El ejemplo de las abejas es propio de la diatriba (véase A. Oltramare, *Les origines de la diatribe romaine*, París, 1926); esta peculiaridad, en concreto, nos la expone Plinio en su *Historia Natural* (XI, 52), aunque no lo hace en términos tan seguros como Séneca. De hecho, la reina posee aguijón, lo que sucede es que nunca lo utiliza contra el hombre. Este pasaje fue muy utilizado durante la Edad Media. Véase K. D. Nothdurft, *Studien zum Einfluss des Seneca auf die Philosophie und Theologie des zwölften Jahrhunderts*, Leiden-Köln, 1963.

66. Pasaje incomprensible tal como aparece en los manuscritos. Acepto, aunque sin mucha convicción, la conjetura de Préchac.

67. El emperador Claudio, que adoptó a Nerón en el año 50 (Tácito, *Anales,* XII, 21).

68. Es conocida la afición de Claudio por impartir justicia en los tribunales, rasgo ridiculizado por el propio Séneca en la *Apocoloquintosis.*

69. La cruz era la pena de muerte aplicada a los esclavos, aunque con el mismo término (*crux*) también se designa un instrumento de tortura.

70. No se tienen noticias del momento en que se tomó esta decisión.

71. Alejandro Magno es frecuentemente utilizado por Séneca en sus obras como modelo de tirano, de hombre colérico y arbitrario. La anécdota de Lisímaco es introducida por nuestro autor en otras dos ocasiones, en su tratado *Sobre la ira* (III, 17, 2 y 23, 1).

72. La corona cívica era una recompensa consistente en una guirnalda de hoja de encina; se concedía al soldado que había salvado la vida de un compañero en la batalla (Plinio, *Historia Natural,* XVI, 3). Había distintos tipos de coronas para premiar otras actuaciones. Augusto recibió la *corona ciuica,* y así lo hace constar en su *Res Gestae.*

1. M. Afranio Burro, prefecto del pretorio, es decir, al frente de las tropas pretorianas, instaladas en Roma en esos momentos para protección de la ciudad y del Emperador. Colaborador de Séneca en la etapa que suele recibir el nombre de *quinquennium Neronis*, y que se corresponde con los primeros años del reinado de Nerón. A propósito del origen de la frase y de su verosimilitud puede verse O. Murray, «The *quinquennium Neronis* and the stoics», *Historia,* 14 (1965), pp. 41-61.

2. Este mismo episodio nos lo cuenta Suetonio en su vida de Nerón (cap. 10), con muy escasas variantes.

3. La alusión a la Edad de Oro es clara (véase *Cuestiones Naturales,* I, 17). La *innocentia* aquí mencionada y aplicada al género humano recuerda la inocencia atribuida a Nerón en su discurso (véase n. 6 del libro I). La inocencia del género humano solo es concebible en los comienzos de la humanidad; también Nerón, en los comienzos de su reinado, goza de ella y hace concebir la esperanza de que se puede volver a los tiempos pasados. Parece establecerse una equivalencia entre ambas, lo que conduce a pensar que tanto la una como la otra están destinadas a desaparecer.

4. Véase n. 56 del libro I.

5. Verso de un trágico griego anónimo que solía pronunciar Tiberio (véase Dión Casio, LVIII, 23, 4). También lo recoge Suetonio en su vida de Nerón, esta vez para introducir una modificación del emperador al verso: «Mientras yo viva», que el biógrafo (cap. 38) aplica irónicamente a su intención de incendiar Roma.

6. *Formula* en latín es término jurídico. En el procedimiento ordinario se cuenta con un acusador y un defensor. La base sobre la que se desarrolla el juicio está contenida en la *formula*, fijada por un juez que ha sido escogido por las dos partes. Esta *formula* determina con precisión cuál es la cuestión que debe debatirse y en qué términos legales debe hacerse.

7. La traducción por «el común de la gente» responde al intento de establecer el contraste existente en latín entre el filósofo y los «no-expertos» (*imperiti*).

8. Busiris, hijo de Neptuno y rey de Egipto, que sacrificaba a los extranjeros en el altar de Júpiter y murió a manos de Hércules. Procustes era un bandido del Ática que acostaba a los extranjeros sobre un lecho a cuya longitud debía ser adaptada la víctima. Es decir, se estiraban sus miembros en caso de que la cama fuera excesivamente larga para su tamaño o, por el contrario, se le seccionaba un trozo de las piernas si resultaba corta. De ambos habla Ovidio en sus *Metamorfosis* (IX, 182-183 y VII, 430, respectivamente).

9. Fálaris, tirano de Agrigento del siglo VI, célebre por su crueldad. Encargó al ateniense Perilos la construcción de un toro de bronce para encerrar a las víctimas en su interior y quemarlas prendiendo fuego debajo. De este modo los gritos de las víctimas, al salir por la boca del animal darían la sensación de que el toro mugía. Según cuenta Plinio en su *Historia Natural* (XXXIV, 89), la primera víctima fue el propio Peritos. Parece que murió a manos de los ciudadanos de Agrigento (véase *Sobre los deberes*, II, 26).

10. Pasaje corrupto en los manuscritos. Opto por la conjetura de Hosius aceptada por Préchac en su edición: *long[eius]sam stare*.

NOTAS

erguidos y elevados; también a los que una causa cualquiera defor-
mó, los ahorquillan para enderezarlos; a unos los recortan para
que las ramas no impidan el crecimiento hacia arriba; a otros los
abonan, si están débiles por defecto del suelo; a otros, oprimidos
por la sombra de los demás, les abren el cielo. 5. Verá de qué modo
debe ser tratado cada carácter, cómo puede encauzarse a los malvados hacia la rectitud.

11. F. Giancotti («Il posto della biografia sulla problematica senechiana II. La struttura del *De clementia*», *Rend. Accad. Linc.*, 10 (1955), pp. 36-61), piensa que con esta frase está oponiéndose a la superstición del culto imperial y preconizando el culto racional hacia un emperador virtuoso.

12. Véase n. 7 de este libro II.

13. *Misericordia* en latín.

14. Es una de las cuatro «pasiones» (*affectus*) del estoicismo: *aegritudo* (tristeza), *cupiditas* (deseo), *metus* (temor) y *uoluptas* (placer). Su rechazo se debe a que producen trastornos en quien las padece. Pueden verse a este propósito los libros III y IV de las *Tusculanas* de Cicerón.

15. Metáfora utilizada a menudo para referirse a los juegos de gladiadores que se celebraban en el circo.

16. Habla aquí Séneca de «enemigos del Estado» (*hostes*), no de «enemigos personales» (*inimici*).

Con el telón de fondo que enmarca actualmente los acontecimientos internacionales, los conceptos de clemencia, perdón y compasión que expone el filósofo en el presente libro adquieren una renovada fuerza y vigencia. Día sí día también las multipantallas nos arrojan imágenes de injusticia, terror y sufrimiento que deberían activar en nosotros un sentimiento que creo que aglutina la clemencia, el perdón y la compasión que expone el filósofo; la empatía.

La empatía impregna cada una de las ilustraciones que acompañan el presente libro.

He hecho mío el sufrimiento y la injusticia que intenta corregir Séneca con sus reflexiones porque el dolor causado por dirigentes tiranos y caprichosos de hace más de dos mil años sigue siendo el mismo de ahora: se perpetúa y se reproduce sin tregua. Y contra eso, contra esa frustración, he construido mis ilustraciones.

PERE GINARD